I.M.D. リトル著

松本保美　訳

公共政策の基礎

木鐸社刊

日本語版への序文

　本書が日本語に翻訳されたのを聞いて，私は非常にうれしく思っている．学生や公共政策に携わる人々は，倫理学，経済学および政治学における問題が，この三分野全てに係わり合いを持ち，依存し合っていることを理解する必要がある．この理解をさらに深めることが，この小著の目的である．とりわけ，倫理学がこの学際的な研究の中心である．本書には普遍的な道徳は何も示されていない．道徳律は政治社会と共に進化し，こうした道徳律の要素は，理路整然とした公共政策なら，どのような政策の中にも，暗黙の内に含まれている．

2004年6月26日

　　　　　　　　　　　　　　　　　　　　　　　　　　　I.M.D. リトル

緒言と謝辞

　この本を書く計画を練り始めたのは，私の80歳の誕生日，1998年12月18日だった．しかし，病気のために，21世紀に入るまでは大して進まなかった．オックスフォード大学出版部に原稿を提出したのは2001年8月9日だった．読者には理解してもらえると思うが，本書の分析の中心は道徳と政治哲学である．現役の経済研究者としては極めて珍しく，私は50年にわたって，ジョン・ロールズ (1971)，ロバート・ノズィック (1974)，アンソニー・ド・ジャセイ (1985) らによる僅かな著作を除き，哲学書は殆ど読んでこなかった．この間，彼らの研究に関して，多くの論文が書かれてきた．私は，その極く一部しか読んでいなかったが，学生に正しい研究の方向を示すには十分だったのではないかと思っている．

　最近の哲学者で私が影響を受けたのは，本書の参考文献リストから分かるように，ジョン・ブルーム，アンソニー・ド・ジャセイ，ロバート・サグデンである．この三人が経済研究者としてスタートしたのは興味深い．(ロバート・サグデンは依然として経済学の教授である.)

　ウィルフレッド・ベッカーマン，ヴィジェイ・ジョシ，アンソニー・クイントン，ロバート・スキデルスキーの諸氏は全員，原稿を通読し，コメントしてくれた．ケン・ビンモア，ジョン・ブルーム，アンソニー・ド・ジャセイ，ロバート・サグデン，ピーター・オッペンハイマーは本書の一部を読んでくれた．ティム・ベスレイからも政治経済学に関していくつかのアドバイスをもらった．彼らは，いくつかの誤りや不適切な表現を指摘してくれたが，私はその全てを受け入れたわけではない．私は，これらの指摘全てに感謝するが，彼らには何ら責任がないことを明記しておく．特にピーター・オッペンハイマーには感謝しなくてはならない．彼の積極的な協力がなければ，本書は決して日の目を見なかっ

たであろう．

　最後に，私は妻のリディアに最大の感謝を捧げる．彼女は本書の原稿全てを数度にわたってタイプし，彫刻家としての彼女の貴重な時間を相当削らざるを得なかったからである．彼女のパソコン操作能力の足りないところを孫のジョゼフ・レンソールがしばしば補ってくれた．

目 次

日本語版への序文　3
緒言と謝辞　4
序　9

第Ⅰ部　経済学と哲学

1. 個人効用と厚生　21
   - 期待効用とリスク　22
   - リスクと変動　24
   - リスクと平等　25
   - 効用と実証的経済学　26
   - 効用と規範的経済学　27
2. 集団的効用と厚生　30
3. 厚生経済学　39
   - 理論的厚生経済学　39
   - 応用厚生経済学と費用便益分析　42

第Ⅱ部　政治学と哲学

4. 国の役割　49
   - 国家権力の限界　50
   - 個人の権利　51
   - 社会契約と所有　56
   - 所有と所有権　58
5. 功利主義：理論と応用　64
   - 効用と命の価値　68
   - 国と人口政策　71
   - 今日の共同社会とは何か——国民と外国人に関して——　76
   - 国と将来のための貯蓄　78
6. 功利主義，正義，平等　81
   - 功利主義と平等　82

　　　　ロールズの正義の理論　84
　　　　正義の意味　89
　　　　分配的正義　91
　　　　国際間の分配的正義　94
　　　　ドゥオーキンと資源の平等化　95
　　　　平等の測定　100
　　　　要約　104
7　契約主義　106
8　共同体主義　118

第Ⅲ部　経済学と政治学

序　125
9　ゲーム，合意，公共財　127
　　　　ゲーム　127
　　　　社会通念　133
　　　　公共財　134
　　　　公共財と国　139
10　実証的政治経済学　141
　　　　内生化する政府　141
　　　　民主的政府と強権的政府　143
　　　　集団的選択と投票　144
　　　　絶対専制主義的な政府の下での経済政策　150
　　　　民主制の下での経済政策　151
　　　　政策とその傾向に関する政治経済的説明のモデル化　152
　　　　工業諸国における保護政策の政治経済学　153
　　　　工業諸国における政府の拡大　155
　　　　発展途上国における保護政策と輸入代替　158
　　　　発展途上国における政治改革　159
　　　　内生化する政府に関する内容の乏しい中間報告　163
11　規範的政治経済学　165
　　　　政府と分配に関するいっそうの考察　165

レント・シーキングと贈収賄　168

第Ⅳ部　倫理学，経済学，および，政治学

12　公共政策の原理　　　　　　　　　　　　　　　　　　　　173
　　第Ⅰ部，第Ⅱ部，第Ⅲ部のまとめ　173
　　哲学的枠組　182
　　政府支出の規模　187
　　公共政策の境界　194

訳者あとがき　　　　　　　　　　　　　　　　　　　　　　　197
参考文献　　　　　　　　　　　　　　　　　　　　　　　　　206
人名索引　　　　　　　　　　　　　　　　　　　　　　　　　212
事項索引　　　　　　　　　　　　　　　　　　　　　　　　　215

序

 本書では,倫理学,経済学,政治学の三分野の境界領域を研究する.我々の生活の様々な面で,最も望ましい国の役割を熟考した見解は,どのようなものであれ,これら三つの学問とその相互関係がどうあるべきかについてかなり真剣に考えていることを示している.このような考察は,これらの分野で学問的訓練を受けたことがない人でも行える.したがって,本書は,学生だけでなく,公務に関心を持つ人なら誰でも読めるように書かれている.
 私は,今日この三つの学問分野のうち少なくとも二つを含む学部を有する大学が多くなっていると思う.イェールやオックスフォードのようないくつかの大学は,三分野全てを含む学部を持っている.オックスフォードは,昔から,PPE(哲学・政治学・経済学)として知られる学部を持っているが,そこでの教育と試験は,分野間の相互関係を重視するようには考えられていなかった.より総合化された学部を作ることはいつでもできただろうが,これらの学問分野における最近25年間の研究は,その学際化へ向かう可能性を加速させてきたと私は思う.
 これらの学問分野はそれぞれいくつかの部門に分けられる.どの学問分野をとってみても,ある部門は他の学問分野と密接な関係を持つが,別の部門はそれほどでもなかったり,全く関係なかったりする.このことを念頭に,上述の三つの学問分野を見ていこう.哲学において,ここでの目的に殆ど例外なく関係していると思われる部門は道徳と政治哲学である.本書では,これらと政治学および経済学の関係を徹底的に論じ

る．それにしても，議論が各部門の中だけで行われているとすると，何が無視されるのだろうか．そして，無視することが正当化されるだろうか．

その他，哲学における最も重要な部門は認識論と論理である．これらは，知識，真理，意味内容に関係している．ある意味で，知識が関係する全ての部門，すなわち，全ての科学は，知識は獲得することができ，命題は真か偽であり，きちんとした文章は理解されるということをあらかじめ想定している．しかし，経済学や政治学に対しては特別な関係が何もない．認識論や論理は余りにも奥が深いので，本書では論じない．これらを別にしても，殆ど全ての研究分野で——の哲学と題された本や論文が刊行されている．——には，歴史，法，数学，宗教，物理学，社会科学，それに当然，経済学が入る．このような哲学は，議論の場となっている学問分野の概念，方法論，および，明示的なもしくは暗黙の仮定と関連している．経済学を除く他の研究分野は，本書の主たる関心から見れば大概末梢的なものなので，探求する必要がないだろう．この見解には，科学，特に社会科学の場合，経済学も結局は社会科学なので，読者は当惑するだろうと思う．

この疑問を解く前に，経済学を定義し，次に，実証的経済学と規範的経済学を区別するのが有意義である．もし社会学が，社会で影響しあう個人や人々の集団の研究と定義されるなら，経済学は社会学の一部である．そのような個人やグループに利害をもたらすものは何かという研究は社会学に含まれる．言い換えれば，社会学は人々の厚生に関係する．

社会学の諸部門から経済学をどうやって分離するのだろうか．A. C. ピグーは，広く受け入れられてきている『厚生経済学』の中に答えを見出した．彼は，「社会生活において利用できるひとつの明らかな計測手段は貨幣である．それゆえ，我々の研究の範囲は，社会厚生のうち，貨幣の尺度で直接間接に計測できる領域に限定される[1]．」と書いた．この定義は不完全である．第一に，経済学者は，報酬あるいはインセンティブが貨幣で表示される必要のない関係を研究する．第二に，もっと重

---

1) A. C. Pigou, *The Economics of Welfare*, fourth edition, 1946, p. 11.

要なことであるが,貨幣尺度を用いて評価することが法的に認められている事柄には議論の余地がある.命の価値は金では計り知れないほど畏敬の念を抱かせる最たる例である.しかし,定義上このような問題があるにもかかわらず,この定義でスタートするのが良いと私は考える.

　実証的経済学は,様々な経済的事実とそれらの関係を計測し,経済的事象とその傾向の因果関係を探求する.規範的経済学は,ある経済状況が別の経済状況よりも良いか悪いかを扱い,それゆえ,一つの行動や計測,すなわち,一つの政策や制度的枠組が,実際に生じそうな結果に照らして,別の政策や制度的枠組よりも良いかどうかを考察する.したがって目的論的である.規範的経済学で扱う問題は,為替レートを固定するかしないかによって,ある方策を広く用いることができるかどうかといったことから,経済的意思決定機関やその決定手続きの創出・考案までを範囲とする.

　実証的か規範的かの区別に深く関係しているものは,前者の記述的な表現方法と後者の規範的表現もしくは価値判断の間にある.後者のこの特徴は今まで頻繁に議論されてきたが,本書でも徹底的に考察しなければならない.その準備として次のような簡単な例を考えてみよう.

　私が「スミス氏はジョーンズ氏よりも良い生活をしている」と言ったとしよう.もしこれに異議を差し挟む人がいたら,私は,スミス氏は高給取りで,体も丈夫なのに,ジョーンズ氏は身体障害者で低賃金に甘んじているといったような,通常,大部分の人が適切と考える事実を示すだろう.しかし,このような事実は異論のあるところで,たとえ同意が得られたにしても,そうであると結論づけるわけにはいかない.似たような例の検討は,いずれも結論づけることができない.なぜなら,人の豊かさを測るに当たって一般に合意された基準などないからである.このような判断は,正しいとか間違っているとか完全に証明することができず,それゆえ,一般には科学的でないと考えられている.

　これが,異なる人々からなるグループ間,あるいは,一つのグループの異なる時間の間での厚生についての判断ということになるとなおさらである.しかしながら,このような判断は,経済的見地から支持したり決定したりする際に,直接関係したり,場合によっては決定になったり

する判断である．それゆえ，このような判断は価値判断であり，実証的経済学というよりもむしろ規範的経済学に属するとするのが最も賢明な考え方である．多くの経済的判断に対して，厚生とか豊かな生といった言葉を使ってその倫理的性格をあからさまに主張しないのも同じ理由による．経済的効率に関する判断も，それが最終的には希少資源の厚生への転換率の関数であるがゆえに，同じ種類の判断である．

　大部分の境界線と同様，実証的と規範的の境界もはっきりしない．インフレを考えてみよう．経済学者は，その厳密な測度——ある価格指数の増加率——に合意し，それを用いて様々な要因の効果を計測しようとするだろう．同じようにして，経済学者は他の測度も認め，それを実際の計算に用いるだろう．しかし，インフレ率と呼ばれるようなものは，専門家でない人，たとえば投票者にとっては重要な比率である．政治家が，この政策はインフレを招くだろうと糾弾するとき，彼は明らかにその政策の放棄を求めている．経済学は，他の社会科学と同様に，経済学的発見がしばしば政策に適切であるという事実を共有している．発見したことを意図的に推奨しないという科学者としての立場を守りたいと思っている社会科学者は大いに気をつけなければならない．発見したことを説明するにあたって，人を説得するような言葉を用いてはならない．もちろん，経済学者や社会科学者は，影響力のある人物でありたいと強く望んでいるだろう．もしそうなら，そのような人は喜んで科学者としての誠実さを捨てるだろう．

　殆どの経済学者の仕事の多くは実証的もしくは科学的である．ここには，経済事象の多くの構成要素の記述とそれらの将来価値の予測，経済問題を描写し，解決の助けとなる分析モデルの構築，および，一般に，様々な経済的関係の間の測定が含まれている．この実証的な仕事は，全ての科学に共通な概念的かつ方法論的問題を生み出す．社会科学は，主として変数の動きや関係が一定していないという理由で，自然科学や物理学と異なっている．

　科学の哲学は，殆ど定義によって，実証的な法則や関係の発見と真理に関わる．実証的経済学は，他の科学と本質的に異なってはいない．しかしながら，本書の関心は，規範的経済学が道徳および政治哲学との間

に持つ関係である．これが，本書は科学の哲学とは関係を持たないと先に述べた理由である．

政治学に眼を転じてみよう．政治学は，問題の解決に当たって，市場とか無意識の同意に頼るというよりも，むしろ，権威による調整に関係している．調整を要する問題が自然に解決したり均衡に到達するかどうかとか，それが良い解決策であるかどうかといったことは，理論的には，比較的新しく，現在もなお急速に発展している学問であるゲーム理論[2]によって研究されている．ゲーム理論に関しては，第Ⅱ部および第Ⅲ部で，改めて検討しなければならない．なぜなら，この理論は，哲学と経済学両者の，また，哲学と政治学双方の境界領域を解明する主要な手段だからである．

財を販売地点へ配送することとその財を消費者が購入することは，大量の個々ばらばらな個人的決定に対する調整の妙であるように思われる．もちろん，市場における調整がうまくいくかどうかは法や慣習や金融制度に依存する．それらの実態と構造がどのようになっているかは政治学の主題だが，実際の生産と市場取引は政治的ではない．

いくつかの財とサービスの供給と享有に関しては，個人が生産し，交換することができないが，それは，個人にそれらを供給する能力がないか，できるとは信じられていないかのどちらかの理由による．このようなケースは，普通，問題となる財あるいはサービスが巨大で分割できず，したがって，小さな単位では販売できないときに起こる．国防が代表的な例である．そのほか，公共事業体による生産，分配，あるいはその両方は，それが民間に任されるよりもよい結果が得られるだろうと政府が決断するだけで実行されるだろう．このような場合には，生産と分配は政治的活動となる．しかしながら，民間の活動も大幅に規制されているので，政府当局は財とサービスの生産と分配の決定に主要な役割を演じる．

政治的活動は，本書の定義では，国，都市，地方を問わず，政府の活

2） この名称は，フォン・ノイマンとモルゲンシュテルンの先駆的研究『ゲームの理論と経済行動』に由来する．

動だけに限定されない．民間活動はいくつかの家計の利益に貢献するだろう．もしそのような家計が極めて少ないなら，その民間活動を維持するために誰がどのくらい支払うかという問題は，その時々の合意によって解決されるだろう．しかし，そのような家計がかなり多い時は，それらの間の異なる様々な利益を順序だてて妥協させるために，いくつかの意思決定手続きと，決定を実行する何らかの行政機関を創設する必要があるだろう．大学やクラブや労働組合のような様々な民間組織でも同じである．政治学はこのような民間組織の管理機構も研究する．

　政治学に関する本書の定義は余りにも広すぎるとして反対されるだろう．家族は調整が必要な問題をいくつか抱えているが，市場で解決できるというものではない．それなら，家族の決定は本質的に政治的であると言わなければならないのだろうか．なぜそう言ってはいけないのか．しかし，実際には，政治学を学ぶ学生で家族内の問題を研究する者など殆どいないし，たとえば，両親は子供を殴ってはならないといった，家族に影響を及ぼす法律を政府が制定するという事実にもかかわらず，我々は家族内の問題に自ら進んで関与しないだろう．

　経済学と同様，政治学の主題は，実証的部門と規範的部門に分けられるだろう．実証的政治学は，政治組織，意思決定手続き，それに，それらを変えたり，それらに影響を与えるよう意図された行為を扱う．それは，あらゆるレベルの政府，その全ての行政，立法，および司法部門に関係する．それは，市民の政治的行動と政治家の出処と行動を研究する．それは，社会の法と制度の変化の原因を突き止めようとする．中心的な問題は，もちろん，政府は如何にして形成され，恐らくは，如何にして排除されるかである．それは，全ての国と歴史の大部分にまたがる広大な主題である．

　実証的政治学と経済学の間には相互関係がある．政府は，様々な方法で，経済の働きに影響を及ぼす．すなわち，増税したり，法を作ったり，命令を下したりして，生産者と消費者の行動を一様に調整する．これらの影響の本質と特徴は，政府をその一部とする体制や国のタイプにより多種多様である．この多様性は，経済の働きに対する異なった信念に由来する．たとえば，政府の意図にかかわらずレッセフェールよりも計画

の方が有効だと信じているとしても，それを信じる程度は様々である．ここでは，イデオロギーが，冷静な議論や経済研究と同様，非常に大きな役割を演じている．しかしながら，政府の目的も様々である．経済学者は，あらゆる政府が個人主義的価値を認めると仮定しがちなほどナイーブで，ひたすら，人々の厚生の最大化に関心を払う．しかし，多くの国では，たとえば，強い国家，独立，国民的誇り，果ては人口増加といった，共同体としての価値の方を明らかに優先してきた．同時に，人々は，政治家や統治者の主たる目的が，しばしば，その家族や友人も含め，自分自身が富豪になることだということも認識しなければならない．これは，あらゆる歴史に共通している．

何が望ましいかということは，支配する者や支配される者，さらには，外部の観察者にとってさえ極めて重大な関心事であるが，様々なイデオロギーと目的の研究は実証的政治学の一部である．これは冷静な研究を難しくするが，不可能ではない．専制政治から民主政治までと多様で，自由や抑圧の程度も様々な政府の（いろいろな次元で計測された）相対的な経済的成功を研究することは可能だし，事実，研究されている．

人々は，政府が課す法や税金や規則をいつも与えられたものと考えているわけではない．人々は，自分たちにとって有利になる改変を求めて，個人的に，もしくは「利益者団体」の一員として，ロビー活動を行う．彼らは政治家や役人に賄賂も使う．経済学者は，今日，このような活動を「レント・シーキング」と呼ぶ．政府の影響力や統制力の及ぶ範囲が広ければ広いほど，また，その中身が細かく規定されていればいるほど，レント・シーキングの余地はより広くなる．殆どの国で，汚職は重大な問題であり，重要ではあるが，その研究は非常に難しい．

人々，もしくは，特定の人々のグループによって判断される経済的実績が政府に跳ね返ることも明らかである．この時，もし投票が行われれば，それは投票者に影響を与えるだろう．典型的な専制政治体制においてすら，大勢の人々が集まれば通常何らかの影響力を持つ．状況によっては——税制の変更といった——とりわけ不人気な手段は政府を交代させることがある．

政治学と経済学のこのような接点は，あまりにも多く，かつ，多様な

ので，その全てを本書で扱うことはできない．本書では，我々が政府はどの程度の大きさであって欲しいと望んでいるかという問題に最も光を当てる事柄に注意を集中する．

ここまで，経済学と政治学について大雑把な定義を試みてきた．この序を終えるに当たり，道徳と政治哲学を大雑把に定義しよう．まず，本書では，政治哲学は道徳哲学の一部であるという立場を堅持する．その主要な関心は，(1)人々が国に従う義務や責任があるかどうかという問題，および，(2)国の合法性に関する問題，換言すれば，如何なる権利をもって国は国民に強制できるのかといった問題に関係する．政治哲学に対するこのような関心を表現するのに用いている言葉そのものが道徳的問題であり，それゆえ，政治哲学は道徳哲学の一部門であることをはっきりと示している．

では，道徳哲学とは何なのか．私はここで，問題は関係する人が何を行うかによって定義されるという常套句を受け入れる．道徳哲学者の中には，道徳の概念とその論理構造，および，規範的用語の使用例を主に分析する人がいる．そのような用語は，記述的な分析の論理とは異なる独自の論理を持っている．たとえば，「それを行いなさい」と「それを行うことは正しいことではない」という表現を同時に発することは，厳密な意味では，矛盾しないが，言われた人は不安を感じ，説明を求めるだろう．この種の問題に対し，最も独創的で影響力を持つ研究は，R. M. ヘアーによるもの[3]で，彼だけでなく，多くの研究者がこの研究を行うようになった．これはしばしばメタ倫理学と呼ばれる．

他の道徳哲学者は，普通の人々が正しい活動であるとか，物事が良い状態にあると信じるものを系統立てる一連の原理を発見しようと試みたり，他の哲学者が同様な形式化を試みることを厳しく批判したりする．これは，折衷主義者がしばしば合意するよう訴えるのに対し，反対者は，折衷主義者の主張が，多くの人々の最も奥底にある直感を恐らくはまご

---

[3] R. M. Hare, *The Language of Morals*, 1952. この序において，彼は「私が想い描く倫理学は道徳言語の論理的研究である」と書いている．Hare (1981, 1989) も参照のこと．

つかせる結果へと導く例や矛盾を示すことで，その主張を引っ込めさせようとするからである．結局，道徳哲学者は，「ありそう」なこととか，「受入可能」なこと，あるいは，結局は同じに見えるもの，すなわち，共通意識の直感に訴える．彼らは，通常，同時に，彼らの認識論的基礎がどのように仮定されていようとも，人々の道徳的な直感は対立し，一人の人間の直感でさえ互いにしばしば対立するというまことに立派な理由で，直感主義に対し敵意をむき出しにする．

しかし，余り多くを期待できないとなると，恐らく何らかの妥協の可能性が出てくる．もし，ある理論，もしくは一連の原理が，大多数の人々の最も奥底にある直感のいくつかに反しないなら，その時には，これらは，人々の道徳的な見方の中に存在する整合性の欠如を抽出する助けとなり，人々が自ら行うべきことに確信を持てない状況にあるときの助けにもなるだろう．このような見方に立てば，恐らく，様々な道徳理論それ自体が，自分の価値観で自己評価を行い，同一人物が状況ごとに有効な道徳理論をいくつか見つけることさえあるだろう．普遍的に適用できる道徳哲学は絶対に得られない．そのような道徳哲学を二千年以上にわたって発見できなかったことがこの見解を支持している．

最後に，哲学者の中には，我々がなぜ特定の道徳に従わなければならないのかという点に関して，直感や自己利益よりももっと深い理由があることを示そうとしている者がいる．もちろん，有史以来，大多数の人にとって，道徳の規則は，それが神の言葉であるがゆえに，従わなければならないものであった．しかし，17世紀後半に始まる啓蒙主義以降の西欧社会では，特定の原理が純粋な理由，もしくは人間の本質から導き出されることを示そうと試みた哲学者が何人かいた．その中で最も有名で影響力があったのはカントであり，彼の提唱した普遍化の原理は，人は，同じ状況では誰もが同じことをしなければならないことを期待できるという方法で，常に行動しなければならないと述べている[4]．ここから導き出される一つの見解は，人は他人を決して単なる手段として扱っ

---

4) *A Critique of Practical Reason*, 1788 または *Groundwork of the Metaphysic of Morals*, H. Paton 訳を参照のこと．

てはならないということである．これらの原理は，人工的な先見的真理——つまり，現代の経験論者が受け入れそうもない必要条件としての形而上学的命題——として発展させられた「定言的命令」を含んでいた．それにしても，普遍化の原理はそれ自体広く受け入れられ，非常に影響力をもっている．

第Ⅰ部

経済学と哲学

1

個人効用と厚生

　この二百年間，効用の概念は経済学のキー・ワードと考えられてきた．功利主義の父，ジェレミィ・ベンサムは，喜びと苦痛のバランスである幸福を導き出すものは何でも効用という言葉で表現した．後に，人々が望み，手に入れるために金を支払う用意はあるが，必ずしも幸福になるとは限らない事実が多いことに気づき，効用は欲望を意味するようになった．さらに後代になって，約50年ほど前だが，効用の意味は，心理状態を示すものとしていっそう純化された．すなわち，誰かが常にBよりもAを選んだら，経済学者は，これはAに対する選好を表していると言った．これでさえ，十分明瞭かつ現実的なものとは言いがたいという人がいた．人々は，必ずしも，自分が好むものを選ぶとは限らない．「私はBの方が好きだが，友人がBは古臭いというので，Aを選ぶ」とか，「私はBの方が好きだが，私にとってはAの方がよいと思うので，Aを選択する」といった言い方でさえ，十分意味がある．こうして，最終的には，効用の意味は選択だけから導き出されるようになった．（しかし，このようなやや細かすぎる議論にもかかわらず，効用は依然としてしばしば選好を示すと言われる．）

　効用理論は，個人の経済的選択が次のように構築されていることを求める．経済人は，多数の品目からなる財・サービスの束の大きな集合の中から選択を行うと仮定される．どのような2組の財の組み合わせに対しても，経済人は必ずどちらか，あるいは両方ともを選択すると仮定されている．選択は反射的でなければならない．つまり，もし束Bよりも

束Aが選択されるなら，AよりもBが選択されてはならない．選択は同時に推移的でなくてはならない．すなわち，BよりもAが選択され，かつ，束CよりもBが選択されるなら，そのときには，CよりもAが選択されなければならない．以上の公理二つを併せて選択の整合性が定義される．この整合性の下で，各財・サービスの束に数字が付与され，その結果，より大きな数字を持つ財・サービスの束がその数字よりも小さな数字を持つ如何なる財・サービスの束よりも選択される．これが，効用関数，および，効用の最大化の意味するものである[1]．

上述の数字は序数的であり，任意に選ばれた数字の集合は，同じ並び順を維持する別の集合で置き換えられる．つまり，1，2，3は17，43，101と置き換えられる．これは，数字の差が重要でないことを意味する．AはBより大きく，BはCより大きいとは言えるが，AとBの差とBとCの差と比べることはできない．要するに，たとえば，Aの効用はBの効用よりもずっと大きいと言うことはできない．このような関数は序数的効用を表す．

期待効用とリスク

前節で論じた選択は確実性が保証されていた．財の束Aを選択すると，様々な品目の量が分かるが，多くの経済的選択には不確実性が伴う．人

---

1) 数字よりも多くの財・サービスが存在する場合，数学的処理が面倒になる．このとき，数学的連続性を維持しなければならないなら，等しい効用，つまり無差別が導入される．等しい効用を導入することで失われるものは，「～よりも選択される」が最早より高い効用を意味しないことである．これは，同じように美味しそうな二つの干草の山から等距離にいたために，飢え死にしたというビュリダンのロバの問題である．ロバよりは賢い人間は，効用が等しくても，どちらか一方を選択するだろう．等しい効用，または，より一般的な表現である無差別から得られる利益は，回りくどい言い方が避けられるということである．これが本書で後に無差別を使用する理由である．この点に関するより徹底的な議論については，I. M. D. Little, *A Critique of Welfare Economics*（第2版，第2章，および，付録2, 1957）を参照．

は，いくつかの「予想」の下で選択しているだろう．ここで，予想とは，財・サービスの束の集合の中から一つを得ることに対するもので，財・サービスの各束は，人がそれを得るに当たってある確率を持っている．複数の期待の間からの選択を理由づけるには，財・サービスの束を順序づけるだけでは不十分である．人は，確率を知る必要があるばかりでなく，一つの財・サービスの束が他の財・サービスの束よりどの程度よいかも知る必要がある．

期待効用は不確実な期待の中からの予想を取り扱う．効用値の間の差が重要になる．これはどのように処理されるのだろうか．有名な文献から引用してみよう．「3個の事象，C，A，Bを考え，個人の選好の順位づけがこの通りであったとしてみよう．p を 0 から 1 までの実数とし，A の望ましさが，B に対するチャンス確率 $1-p$ と C に対する残りのチャンス確率 p からなる混合事象と全く等しいとしてみよう．そのとき，我々は，p を，B を越える C の選好に対する B を越える A の選好の比率を示す推定値として用いることができる[2]．」

分かり易い数値例をあげよう．$p=2/5$ としよう．U の数値は，U(A) ＝ 3/5 U(B) ＋ 2/5 U(C) を満足しなければならない．

U(A) ＝ 70，U(B) ＝ 50，U(C) ＝ 100 としよう．A の効用は，(B または C) の期待効用に等しい．しかし，数値としては，140, 100, 200でも 240, 200, 300でもよい．効用関数は，線形変換ができるように定義されている．このような関数は基数的効用と呼ばれる．

期待効用関数は，一般に，以下のような形式で記述される．

$$U(x_1, x_2, ..., x_n) = p_1 U(x_1) + p_2 U(x_2) + ... + p_n U(x_n)$$

要するに，一つの予想に基づく効用は，各結果にその発生確率を掛け合わせ，合計したものに等しい．そのような関数は，「加法的に分離可能」

---

[2] Von Neumann and Morgenstern, *The Theory of Games and Economic Behavior*, p. 18.（私は，a を p に替えた．）この効用を基数化する方法を最初に示した文献は，*The Foundations of Mathematics*（1931）中の F. P. Ramsey, "Truth and Probability"（1926）である．

と呼ばれる．このためには，任意の特定の結果の効用は他の全ての効用と独立であることが求められる．これは，基数的効用システムの重要な特徴の一つである．上の例では，選択された数値に関して，Aは（BまたはC）の予想と無差別である．これは選択者がリスク中立的な場合だろう．もし彼がリスク回避的なら，たとえ（BまたはC）の期待効用の方が大きかったとしても特定の結果Aを選択するだろう（彼がリスクを好むなら逆になる）．これは上述の例では除外されている．もし期待効用が最大化されるなら，Aの効用が（BまたはC）の期待効用よりも大きいときにのみAが選択される．BとCが不確実な予想で結合されるので，Aの方が相対的により高く評価されることはない．加法的分離可能性の重要性，および，リスク回避または愛好は，以下の節でさらに議論される．

リスクと変動

コインを投げて，100ポンドか0かの期待効用は，コインの表が出ようが裏が出ようが，50ポンドの期待効用に等しい．しかし，リスク回避的な人なら誰でも，確実な50ポンドを選択する．

もし時間の次元を導入するなら，リスク回避は所得変動の回避と殆ど同じことになるだろう．あるカレッジの2期間，各期5年，の投資政策を考えてみよう．1期は牛の市場，もう1期は熊の市場とする．第1期の投資先が牛の市場になるか熊の市場になるかは五分五分だが，牛が先で熊が後か，熊が先で牛が後かははっきりしている．カレッジは，安定的で確実な所得をもたらす優良株に投資できるし，激しく変動するが，長期的には優良株よりも多くの所得を確実に保証する普通株に投資することもできる．（優良株と普通株の）選択は表1.1に示される．

表1.1

		自然状態			
		熊	牛	熊	牛
期間	1	1	1	−1	4
	2	1	1	4	−1
選択		優良株		普通株	

各欄の数字は年間の実質所得を示す（単位100万ポンド表示の資本収益と資本損失の細目）．期間ごとに見ると，カレッジは，確実な100万ポンド対150万ポンドの予想というリスク問題に直面する．自然状態で見ると，100万ポンドの安定した所得と，年当たり100万ポンドの損失から400万ポンドの収益までの変動との間での選択がある．普通株の場合，損失期間中は非常に財政が苦しくなり，研究員は採用できず，食事も貧しい．しかし，10年を通してみると，所得は，優良株の1000万ポンドに対して，1500万ポンドになる．これが50年になると，このカレッジは低迷か学びの中心として羨望の的になるかどちらかである[3]．

リスクと平等

前節では，予想所得が自然状態（牛市場または熊市場）と期間との関係において考察された．予想所得は，自然状態に対する関係，および，表1.2に示されるように異なる人々に対する関係においても考えることができるだろう．後者においては，自然状態は細工していないコインを投げることで決められる．

あなたは今，二つの仮説的な社会システムの間での選択に直面しているとしよう．そこでは，あなたは人物Xか人物Yだろうということしか分かっておらず，どちらであるかは全く分からない．これは，「無知のヴェール[4]」の背後からの選択と呼ばれている．

平等主義の下では，あなたが誰であろうと，また，何が起ころうと，あなたは2単位の所得を得るだろう．不平等の下では，あなたの所得は，

---

3) この例は明らかに単純化されており，実際の関係はどのようなものであれ，多かれ少なかれ，偶然性に左右される．

4) この，無知のヴェールの背後からの選択という発案はJohn Harsanyi (1953) に依る．これは，John Rawls (1971) が取り上げたことで有名になり，大いに論じられてきた．本書では後で改めてこの問題を検討しなければならない．この例は明らかに人間の数が任意の場合に拡張できる．その際，各人は自分で想定する確率を持って，自分を選択者とみなし，確率の合計を1にする．しかし，論点を明らかにするには二人で十分である．

表1.2

		自然状態			
		表	裏	表	裏
人	X	2	2	1	10
	Y	2	2	10	1
選択		平等制度		不平等制度	

あなたが誰であるかによって，また，発生確率が等しい自然状態のどれが起こるかに依存する．しかし，結果は，（同時に，あなたがXかYのどちらであるかという点に関し，全く情報がなく，チャンスは五分五分だと仮定しているなら）あなたが1単位を得るか10単位を得るか等しいチャンスを持っているということである．もしあなたが極度にリスク回避的なら，恐らく平等主義を選ぶだろう．しかし，あなたの選択は，相対的な水準と同じく，絶対的な水準にも大いに依存しているかもしれない．たとえば，もし予想された1単位の所得がそんなにひどいものでなかったとしたら，不平等主義が選ばれるだろう．これは，セイフティ・ネットの考えと，人は（何らかの形に定義された）絶対貧困を気にすべきだが，（何らかの形に定義された）全ての人の基礎的要件が満たされるなら，平等は価値を持たないという見解にほぼ相当する．不平等の場合は，同時に時間が考慮されるときに，より大きなインセンティブがより速い成長をもたらすという程度にまで，強められる．しかしながら，平等の価値は，もっと突っ込んだ議論が必要で，第6章で再びこの問題に戻ることにする．

効用と実証的経済学

本書の冒頭で，効用は長い間経済学のキー・ワードと見なされてきたと述べた．しかし，実証的経済学にとって，効用理論は，本質的には選択の整合性を定義する公理の集合だが，殆ど価値がない．そこからは何も出てこない．もし価格あるいは相対価格（すなわち，購入者にとっての機会費用）が上昇すれば，人々は買うのを減らそうとするということすらも出てこない．それは，たとえば，価格が変化したときの所得効果と代替効果を説明するには何がしかの手助けとはなるだろうが，それだ

けである．実証的経済学は，確かに，需要と大いに関係があるが，それは，多くの人々の需要の合計との関係においてである．かくして，大多数の経済学者は，個人の選択の合理性に関わる必要がない．小さなグループにおける行動，さらには，二人の間の行動さえも研究する経済学者がいることは事実だ．この場合，行動を支配しているものに対する何らかの仮定が必要だが，通常，参加者は，自分が演じる経済競争やゲームがもたらす金銭的利益や利得や賞を得ようとしたり，最大化しようとするだけである．効用理論までも検証しようとする経済学者が若干いるが，それは，多分，経済学というよりは，むしろ心理学と見なされるべきである．

効用と規範的経済学

しかしながら，効用理論は実のところ，規範的経済学のキー・ワードである．経済学者，および，実際に政策に携わる人は誰でも，普通，裕福さの基準として，より大きな効用を採用する．もしBを選択できるときにAを選択する人がいると，その人は，BよりもAにおける方がより裕福であると仮定される．しかし，効用は，その人の選択が，先に説明した意味で整合的であることを求めるので，出鱈目な選択はより大きな効用を意味しない．それゆえ，もし人が経済人で，BよりもAを選択するなら，その人は，Bを得るよりもAを得る方がより裕福であると言わなければならない．

Aは，貯蓄も含め，たとえば1年といった，ある一定期間の間に購入される財とサービスの集合と説明されるだろう．Bは，その人が買うことのできた別の集合である．典型的な比較においては，Bは前の期間(第1年目)に購入した集合である．もし選択者の貨幣所得が増加し，価格が不変だったら，Aが選択され，Bは選択可能であった．もし価格が変化したなら，人は，第2年目の価格 (p_2) で集合Bの数量 (q_1) を評価するだろう．$\sum p_2 q_2$ はそのとき，Aの支出を表し，$\sum p_2 q_1$ は，第2年目の価格で再評価された集合Bを表す．もし，$\sum p_2 q_2 > \sum p_2 q_1$ なら，Bは選択されていたかもしれないが，BよりもAが選択されるということになる．このような状況においては，選択者の実質所得は上昇したと言わ

れる[5]．

　この基準を非難するのは簡単である．第一に，経済人は如何なる意味においても存在しない．人々の選択は整合的ではない．多くは観察期間に依存する．1年以内の短期においては，供給と嗜好の双方に季節性の問題がある．人が夏にアイスクリームをどのくらい食べるかは，実際，整合的だし，「r」のない月には牡蠣が手に入らないからといって暮らし向きが実際に悪くなるわけでもない．また，短期では，人は明らかに整合的ではないが，深刻というほどでもない．なぜなら，人は，あえて試そうとしたり，多様性を求めたりするからである．長期においては，様々な困難があるが，どれも同じように深刻である．人は歳をとり，その嗜好は変わり，環境も変化する．タバコを止めて，価格が上がったシャンパンを飲むようになった人にとって，タバコの価格が下がったからといって，その人の暮らし向きがよくなるわけではない．片足を失ったり，盲目になったりする人もいるだろう．人によっては，結婚したり，離婚したりするだろう．そのような変化と環境は支出のパターンを変える．家族の問題は確かに重要で，そこから，家族を選択単位と見なさなければならないという意見が出てくるだろう．だが，これによって，解決される問題よりもずっと多くの問題が新たに生じることになるなどということは殆ど考えもしない．

　考察している期間がどうあれ，人は誤りを犯す．ヘロインを買ったり，自分に合わない仕事を選択したりする．人は自分にとって最良のものをいつも選んでいるわけではないなどという必要は殆どない．誰かの実質所得が増加したからといって，その人の暮らしが裕福になったと言うのは間違っているとして，その理由を沢山数え上げようとする人がいたら，その人は，退屈で死にそうになるか，この基準はきっぱりと廃棄しなくてはならないとほぼ結論づける義務があるかのどちらかである．

　したがって，この論理的結論に追い込まれたら，人は急いで退却を余儀なくされる[6]．個人の実質所得が上昇した場合，その人の暮らし向き

---

[5] 私は，pとqの可能な全ての組み合わせの意味を，いかなるものであれ，明らかにすることを読者に残しておく．

が良くなったと言いたいのは確かだろう．さらに，政策策定者も，しばしば，豊かな生に関して，これ以外の測定手段を持たない．第2章では，個人の効用と厚生の関係についてもっと議論する必要がある．

　別の退却方法は，経済学者と政策策定者が想定しているのは，個人ではなく，典型的あるいは平均的な人であると論じることである．平均的な人でも嗜好は変化するが，個人の場合ほど速くはない．平均的な人々は，急に豊かになったり貧困になったり，社会変化の犠牲者になったりはしない．結婚も離婚もしない．最も重要なのは，平均的な人は死なないということである．

　しかしながら，平均実質所得の上昇は，暮らし向きが悪くなる何人かの人と整合的である．それゆえ，一般的な厚生を論じるに当たって，十分に意味があるかどうかを考察しないで，平均的なものに訴えることはできない．利益を得る人と損をする人がいるとき，人々の間に生じる利益と損失を比較せずに，一般的な利益と損失を論理的に論じることはできない．今まで，効用が増減する意味と，それが，個人の豊かな生の向上または低下を説明するために，十分納得し得る理由を持っているかどうかだけを考察してきた．一般的な豊かな生のもっと重要な問題を示した今，それを論じる新しい章が必要である．

　6）　私は，アイザイア・バーリン（Isaiah Berlin）が，ある哲学的議論の論理的な結論についてこのように語ったことを思い出す．

2

集団的効用と厚生

19世紀以来,効用は幸福や満足を表すと理解されてきた.人々の幸福を合計し,それを最大化することに概念上の問題はないと暗黙のうちに仮定されていた[1].様々な人々の幸福を比較し,効用の単位数を計測し,(基数的効用を想定して)足し合わされた.1938年,ライオネル・ロビンズは,このような個人間比較は科学的でなく,検証しうる事実の判断というよりも,価値判断に近いと主張する論文を発表した[2].

経済学者がロビンズに多少なりとも影響されたのは明らかで,実証的需要理論の全ての仮定は序数的効用から導き出されると主張するようになり,基数的効用の考えを放棄してしまった.彼らは,規範的経済学さえも序数的効用と個人効用の比較不可能性に基づいて構築しようとした.こうして,ある状態が,利益を得る者が失う者の損失を補ってなお余りあるなら,そうでない状態よりも良いと見なされた.これは,すぐ後で指摘するように,馬鹿馬鹿しくて到底受け入れることなどできない.しかしながら,補償という考え,および,その可能性等は,応用厚生経済学の重要な問題(すなわち——後で論じる——費用便益分析)として残った.しかし,十数年にわたって,基数的効用の概念を積極的に取り上げる経済学者が殆どいなかったのは,規範的経済学にとって痛手であった.

---

1) 経済学者の中ではジェボンズが例外であった.
2) *Economic Journal*, 48 (1938), pp. 640-1.

本書の序において，豊かな生の個人間比較は最良の価値判断として取り扱われたと言った．ニコニコして愛想のよい人は，不服そうな顔をして辛辣なことを言うと評される人よりも幸福であるというのは，価値判断というよりもずっと描写に近いように見える．しかし，それが正しいという確信は絶対に持てない．

ライオネル・ロビンズの論文が書かれた当時は，論理実証主義が支配的で，前提というものは，真理値を持つ記述的なものや，賛成，不賛成もしくはそれ以外の感情の表現であると明確に捉えられるものに簡単に分割でき，価値判断に属するものと考えられていた．しかし，明らかにそのいずれでもなく，しかも，純粋に記述的判断で，かつ，価値判断でもある性質を持つ表現や前提が沢山あることが理解されるようになった．「Xは残酷な男だ」というのがよい例である．この言い方は明らかに不賛成で好ましくないことを表明している．しかし，「Xは悪い男だ」と言うのとは明らかに違っている．なぜなら，前者では，Xが，たとえば，故意に苦痛の原因を作り出すといった，残酷と言われる何らかの行動をとったことを意味するのに対し，「Xは悪い男だ」は，引き合いに出すべき明確な事実を持っていない．したがって，残酷に関して一般に受け入れられる基準はないが，「Xは残酷な男だ」という表現の中には，記述的要素が存在する．

大多数の個人間比較は両者が混ざり合ったもので，それが価値判断なのか，記述的なのか，いくら議論しても無駄である．なぜなら，両者の性格を備えていることが多いからである．問題は，それが真理であることを示す明らかな基準があるかどうかである．多くの事実は，どれが説得的かということで引き合いに出される．しかし，真理と断定する明確な基準がないために説得が成功しない場合は，善意の不同意が可能である．この不同意が著しい時は，その異論のある言明は何らかの行動もしくは政策に関係がある一つの価値判断と確信することができる．

様々な心の状態とか実際に存在する様々な状態の間の違いに対し倫理的な比較をなぜ明確に行えないのか，また，なぜ基数的効用関数で代表されるのかという理由は，理論的には存在しない．実際の対応から見る限り，良いとか豊かな生に関する個人の判断は，その人が示す財とサー

ビスのかごからの選択ほど総合的でも整合的でもないようだが，これは程度の問題である．判断のための前提条件は，多かれ少なかれ，真か偽であることが明確であるか，もしくは，同意できるか否かである．

個人の効用の場合，基数的計測が，単にレベルだけでなく，差の違いも求めていることが分かる．同様にして，たとえば，個人の幸福を基数的に計測し，個人間の差の比較が必要な場合がある．たとえば，年間1000ポンドの追加所得を得ることによるＡ氏の幸福の増加分は，年間5000ポンドの追加所得でＢ氏が得る幸福の増加分よりも大きいだろうと言えなければならない．もしこのような比較を数多く，しかも整合的に行うことができる人がいるとすると（もちろん，これは大きな「もし」であるが），Ａ氏とＢ氏の幸福の合計を，基数的な測度を用いる方法でうまく計算することができるだけでなく，人々の数がどんなに多くてもうまく計算できる．人々の幸福を合計するには，さらに，幸福０と幸福の単位を定義しなければならないが，これは原理上何の問題も引き起こさない．たとえば，Ａ氏の幸福を幸福０とし，Ａ氏とＢ氏の間の幸福の差を幸福の単位と定義することができる．

近年，幸福は，この方法を用いて国際間比較に，また，実質所得，教育，民主制といった状況に依存する多くの変数との関係で大いに研究されてきている[3]．そのアンケート調査では，主観的な豊かな生（SWB）や一般的満足といった別の言葉も用いられているが，主に個人的な幸福について質問している．人々は，恐らく，より専門的な概念である「豊かな生」についてよりも，幸福について判断することの方に慣れているので，「幸福」という言葉が最も多く採用されているのだろう．

結論は，全グループを対象とする平均化も含み，各人の幸福あるいは豊かな生を１までの数値でカウントする．こうして，ベンサムのルールに従った暗黙の個人間比較ができあがる．どの概念が用いられるかは問題でないだろう．比較しなくてはならないのは「暮らし向きの良さ」であるが，それは何の実体も持たない．暮らし向きの良さは自然な選択に

---

[3] Robert E. Lane (2000), Avner Offer (2000) を参照．両著は大量の参考文献を載せている．

見え，暮らし向きの良さの判断は明らかに記述的かつ価値判断である．

人の親といったような普通の人々は，政治家や役人や雇用者や，様々な人に様々な影響を与える決定を行うよう求められているあらゆる人と同様，ここで議論しているような個人間比較を，どんなに限定され，大雑把であろうと，しばしば行わなくてはならない．しかし，彼らがそのような決定をどのようにして行うかという点に問題が残る．A，B両氏の暮らし向きの良さを一つの基数的効用関数で示すことができるなら，依然として，A氏の効用をB氏の効用に関係づける必要がある．

殆どの人はこれを何らかの感情移入で行っていると思われる．人々は似ており，人はある程度まで他人が感じるように自分も感じると信じており，明らかに差があるところでは，それが許される．そこでは，幸福やSWBを効用で表すことができると推測できる[4]．

これより難解だが，選好をそれほど強調しない接近法があり，そこでは無知のヴェールを想定しない．この方法は，経済学よりも道徳哲学から厚生の主題に接近する．第一段階は，個人にとってより良いことを示す様々な関係は基数的効用指数で表すことができると仮定することである．基数的効用指数は，この関係が期待効用理論の公理に従うことを求める（第1章参照）．効用は自然状態と時間の双方に関して比較できる．このことは，次元毎の分離可能性を要求する．すなわち，ある特定の時間のある自然状態における結果の効用は，別の時間の別の自然状態における結果とは独立である．

しかし，選好や選択にとってより良い関係を示すのは何なのだろうか．もし人が常に自分にとって最良のものを選択するなら，選択を表している効用指数は，当然，良いということを示している効用指数と一致するだろう．確かに，人にとって良いものは，かなりの程度までその人の選択に一致するが，既に見たように，誰も，常にそうなるとは言わないだろう．コチコチの功利主義者なら，全員もしくはその殆どが，この選択と良いものとがほぼ対応していることをもって，選好または選択と効用関数は，人々が合理的で，十分な情報を持ち，自己利益に従うときにの

4）　たとえば，Mirrlees, J. A.（1982）を参照．

み，完全に一致すると論じるだろう．このような特徴を持つ人は稀だろうという見解は反対にあうだろう．それゆえ，全ての人の選択は，本人の利己的な嗜好を知っており，合理的で十分情報を持った「もう一人の自分」に支配されていると仮定しなければならない．

一般に，財の値は，それに対して人が支払おうとするものによって決定される．しかし，政府はしばしば財に課税し，補助金を出し，あるいは，販売を統制する．なぜなら，政府は財の消費を刺激したり抑えたりしたがるからである．政府が，タバコやヘロイン一錠の社会的価値が市場価格になるように考えないことは明らかだ．芸術作品のようなものは，人々が払おうとする以上の社会的価値を持っていると見なされるだろう．殆どの人は，ある制約の下では，このような「家父長的温情主義」が正当化されると考えるだろう．すなわち，政府は各人のもう一人の自分の役割を引き受ける．このことを応用厚生経済学は通常認識している．こうして，タバコ生産の費用便益分析は，その生産高を課税の正味と評価するだろう．しかしながら，人にとって何を合理的とみなすかについて客観的なものはない．なぜなら，合理性は，各人の目的，および，選択の結果の確率に関する評価にも依存するからである．それでは，個人選択にどのような影響が持ち込まれるべきかを誰が決めるのか．それは，一般に，当局，往々にして実際には政府の中の誰かである．この，「誰が決めるのか」という基本的な質問は，如何にして個人の効用から一般的な効用を引き出すかという問題に対するアプローチの第二段階で再び出てくる．

個人の効用は，こうして，良さの増加関数として何とか定義され，より高い効用はより良いことを意味する．しかし，効用関数それ自体は基数的だが，良さを基数的に表す必要はない．これは，個人にとって，良いことに関するリスクを回避する（あるいはリスクを好む）余地を残す．定義により，経済人は期待効用を最大化するが，期待された良いことの最大化はしないだろう．

第二段階は，全期間にわたって全ての人にとって可能な全ての結果を順序づける良いことの一般的な関係を仮定することである．この関係は，期待効用理論の公理に一致するようにも，パレート的な規則，すなわち，

一つの一般的な結果が別の一般的な結果よりも良いということは，少なくとも一人の人の暮らし向きが良くなり，誰も悪くはならないことと同値であるという規則に従うようにも仮定されている．

そこで，一般的に良いということは，個人にとって良いということの関係を表している期待効用関数の合計としての一つの期待効用関数によって表すことができるという驚くべき結果を数学的魔法が証明する．良いということを表している個人の効用関数の形はリスクに対する態度によって決まる．この関数は，自然状態の不確実性に直面した時に，その人にとって良いことを表すように定義されているので，個々人を横断的に集計するとき，何が良いかということも決定する．こうして，一般の効用は，個人的な財の凹関数でなければならない．良いことを沢山持つ人により多くの良いことを与えることは，それ程良いことを持っていない人に同じ量を与えるほどにはカウントされない．

第1章で，無知のヴェールの背後から社会システムを選択する装置を用いることによって，リスク回避と平等を好む選好の間の関係が示された．ここでは，同じ結果が自然状態と人々の双方にとって良いことの集計論理から得られる．

異なる個人の財がどのように集計されるかに関する上記の大雑把な説明——「個人間加算定理」——は，ジョン・ブルーム[5]からの引用で，ジョン・ハーサニ[6]による理論を修正したものである．必要とされる仮定は実に厄介なものである．個人効用の比較可能性は，もちろん，仮定されている．実際の選択をよりもっともらしく見せるための，もしBよりもAが選択されるなら，AはBよりも良い，という説明には問題があることを既に見た．「誰が決めるのか」という問題にも，同じ問題が良さの個人間比較を伴って発生する．本書では，一般に良いということの

---

5) John Broome, *Weighing Goods*, 1991. この素晴らしい本は，彼が言うように，「個人間加算定理」の厳密な導出に多大な意を払っている．本書の参考文献リストはこの方面の研究を網羅している．

6) Harsanyi, John C. (1955)，および，Peter J. Hammond (1982) も参照．

客観的関係（あるいは，「社会的厚生関数」）が存在するとは仮定しない．確かに，多くの個人間比較に関し，根底から意見が一致しない場合がある．そこで問題は，ある人にとっては良いが，別の人にとっては悪い結果は一般に良いのかどうか誰が決定するのかということである．答えは理論的には「君が決定する」だ．実際には，応用厚生経済学にとっての答えは「当局」もしくは「政府」である．他にもっと技術的な仮定がある．不確かな見通しに基づく選択は全て同じ確率を仮定して行われる．人々および自然状態の分離可能性も求められる．すなわち，特定の自然状態における特定の個人にとっての結果の良さは，この状態や他の状態における他の全ての人の結果から影響を受けてはならない，という仮定である．

個人間の基数的効用を用いたマリーズの結果[7]は有名である．トムとディックは，所得とレジャーの限界効用が逓減する同じ効用関数を持つ．レジャーは劣等財ではない．トムはディックより生産的である．極大効用は，トムにディックよりも長時間働くよう求め，彼がディックより暮らし向きが悪くならないという点まで，より少ない所得を得る．このような過激な再分配は驚くべきものであり，鞭をもった識別力の鋭い管理者の下でしか起こり得ない．そうでなければ，トムは自分の能力を隠すだろうからである．この結果から，人は，如何なる状況においても効用が最大化されることを望むだろうか，という疑問を抱く人がいるだろう．

個人間加算定理は，功利主義者が望む全て——すなわち，一般的な厚生を個人の豊かな生の総計と見なすことができるということ——を達成したように見えるだろう．これは，もし功利主義が，幸福もしくは豊かな生を表す効用が豊かな生の水準の個人間分配とは無関係に最大化されると理解されるなら，誤りである．もし良さを表している個人の期待効用がリスク回避的なら，平等は何がしかの価値を持つということが既に

---

7) Mirrlees 前掲書からの引用．この結果は，M. S. Balch, D. McFadden, and S. Y. Wu (eds.) (1974) に収録の，Mirrlees, "Notes on Welfare Economics, Information and Uncertainty" 中で証明されている．

示された.これは,そこから引き出される功利主義にとって,排除されなければならない.これは,ジョン・ブルームの言うベルヌーイの仮説[8],すなわち,「ある人にとって,一つの選択肢が別の選択肢と少なくとも同程度に良いということは,その選択肢が,その人が期待する利益と少なくとも同じ利益をその人にもたらすことと同値である」という効果を受け入れていることを意味する.この中立性が「良さのリスク」に加えられるなら,効用関数は,その人の良さを基数的に表示し,その最大化は良さを最大にする.一般的な良さは,そこで,個人財の加算として示すことができる.これが功利主義の中心的教義である.

ジョン・ブルームは,時間の分離可能性を取り込むのが特に難しいことを発見する.一人の人間の人生は,それぞれが良さの量を割り当てられた多くの期間に分割されるだろう.これらの量は互いに独立である.しかし,人は,単に,各期間の自分の良さの合計から成り立っているのではない.たとえば,人の生涯を通してみると,合計としては大きいが浮き沈みが激しい場合より,良さの合計値が小さい方を選好する人がいるかもしれない.期間にまたがる加算よりも個人間の加算の方が難しいと考える人もあり,そのような人は,実際,良さの個人間比較可能性を完全に拒否するだろう.あるいは,効用は測定できるという見解を拒否したり,効用が計測されるなら良さを示すことができるという考えを拒否するだろう.要するに,この理論には説得力がない.それにもかかわらず,この理論は認められている.観察者は,豊かな生の集計に関して,明らかに無意味なことを述べたからといって非難されることはない.

ここまで,人々の集団は,その構成員が変わらないという暗黙の仮定の下で,集団としての豊かな生を論じてきた.つまり,生死の問題を無視してきた.生と死は,明らかに,個人にとっても政府にとっても重要である.大部分の人は,子供を作るかどうか決定する.同時に,自分の平均余命に影響する健康への支出やその他諸々の事柄に関して決定を行う.医者は,誰の命を救うのが最も難しいかとか,安楽死をさせるべきか否かを決めなければならないだろう.政府もまた,深く関与している.

---

8) John Broome,前掲書,142ページ.

大部分の公共支出は，多くの人々の平均余命に影響するだろう．政府は人口政策を策定することを求められ，産児制限に関する法律を成立させるよう求められるだろう．一国の政府は，同時に，その国民の資格を定義し，いくつかの入国管理政策を求められる．

社会の変化から生じるこれら全ての問題，とりわけ，生と死の問題に関して，道徳哲学と経済学は深く絡み合っている．通常，政治学も含まれる．このような理由から，ここで挙げた問題は，第Ⅱ部における功利主義批判（過去の批判は，殆ど，功利主義の枠組の中で行われていた）は「権利」の理論と関連トピックスに関する議論の後で論じるのが最も適している．次の第3章では厚生経済学の主題を論じる．

3

厚生経済学

　経済研究者以外の人は，厚生経済学は福祉国家の経済学であると考えがちである．それはそれで仕方がないと思うが，本当はそうではないということをまず指摘しておかなくてはならない．経済学のどの分野も人々のグループの豊かな生や厚生に関係する．ここで，人々のグループとは，二人から国内の人々全員までの任意の数，あるいは，世界中の人々全員または感情を持つもの全てからなる．要するに，第2章で論じられた集合的な豊かな生の概念を直接間接に用いる経済学の全ての分野である．厚生経済学は，明らかに，何をなすべきかということ，より一般的には経済政策に関係する規範的経済学と極めて密接な関係を持っている．厚生経済学は理論部門と応用部門に分けられる．

理論的厚生経済学

　理論的厚生経済学は，「パレート最適」を達成するための必要条件を導き出す．パレート最適は，誰かの暮らし向きを悪くすることなしには誰の暮らし向きも良くすることができない状況と定義される．効用は，第1章で議論されたように，多かれ少なかれ，暮らし向きの良さの基準である．

　最も簡単な例は，保有する資産あるいは嗜好が異なる二人の間で交換が行われる場合である．二人は，はじめは取引を許されていないが，障壁が取り除かれることで取引が始まる．その結果，他は何も変わらないが，二人共暮らし向きが良くなる．なぜなら，二人は以前の状況よりも

多く選択できる状況に到達するからである．彼らは，取引される財に対する各々の相対的な限界評価が異なるがゆえに取引を行ったのである．彼らは，これらの評価が等しくなるまで，もしくは，どちらか一方の売る財がなくなるまで取引を行う．パレート最適のための必要条件は，二人が使用する財の任意の組み合わせに対する彼らの相対的限界評価が等しくならなければならないということである．経済学者は，生産と消費に関し，同様な条件を多数導き出している．それらはいずれも限界評価を等しくすることを意味している．一般に，一つのパレート最適は，このような条件全てを同時に満足することを要求する．

理論的厚生経済学の王冠中の宝石は，競争的均衡がパレート最適であることである．この輝かしい成果の真の道徳的かつ実際的重要性を評価することは重要である．アダム・スミスは，これを漠然と理解していたが，精力的に証明されるようになったのはやっと1950年代になってからである[1]．

この章では，考察している社会の性格が変わることから生じる困難を検討する．ここで，与えられた時間に関して，人々の数が一定の集団を仮定しよう．前の期間から何を引き継ぎ，後の期間に何を伝えるかは前もって決められているとする．完全競争の本質的な特徴は，買い手や売り手は売買する財やサービスの価格に影響を与えないということである．本書は，これが現代経済からどのくらい乖離しているかとか，どのくらい乖離し得るかを評価するための場所ではない．しかし，広大な経済の領域，とりわけ，製造業と効用の供給において，これが厳密には正しくないということは，どんなに呑気な観察者にも明らかであるに違いない．それが実際の政策目的にとって十分正しいか否かはしばしば議論を呼ぶ．正しいかどうかは技術にも依存する．（生産が増加するにつれてコストが下がる）収穫逓増は，競争を排除するだろう．この場合には，しばしば，供給者が価格を決定できないように法律が制定される．

他にも問題がある．交換は，滅多に同時には行われず，参加者各人が，

---

[1] Arrow, K. and G. Debreu, "Existence of an Equilibrium for a Competitive Economy," *Econometrica*, 22, 1954 を参照．

相手が自分の交渉部分を満足すると信じるときにのみ行われるだろう．不信の問題は第9章で一層詳しく論じる．より一般的には，多くの契約は将来に関わる．将来価格は二，三の財にしか存在しないので，経済を最適な状態に導くと想定されている価格は常には存在しない．他の厳しい要求は「外部性」の欠如である．この専門用語は，ある取引や活動に関連して，無関係な人が利得を得たり損失を被ったりするときにいつでも用いられる．もしあるサービスの供給者が，それを享受する人全員に支払いを請求できないなら，すなわち，先の専門用語を使えば，もしフ・リ・ー・・ラ・イ・ダ・ー・がいるなら，外部性が存在する．もしある企業が適切な価格を支払わずに希少な資源を使うなら，たとえば，川を排水路として使うとか，煤煙を排出することで他人に費用を発生させるなら，これは外部不経済の例となる．教科書で取り上げる例は，通常，生産と交換に関係し，純粋な競争がパレート最適に至る厚生定理にとって妥当なものである．そのような外部性を扱う最良の方法は，その定理を実際に適合するようにするために，応用厚生経済学の主題の一部とすることである．しかし，生産や交換ではどうしようもない外部性もある．顕著な例は騒音である．なぜなら，非常に大きな音を繰り返し発生させることが可能になり，頻発するようになってきたからである．

　公・共・財・は，フリー・ライダーのゆえに民間生産が不可能な場合の最も重要な例である．フリー・ライダーと呼ばれるのは，対価を支払わずにサービスを利用するからである．灯台の費用はそのサービスを売ることで賄うことができない．その光によって，誰でも無料で自分の位置を知ることができ，誰も排除されない．もっと重要なこととして，国防は小さな単位に分けて個人に売ることができない．一旦用意されたら，誰もその保護から排除されることがない．

　公共財の存在は，競争を通してパレート最適を達成する可能性をあらかじめ排除する．なぜなら，公共財は，それ自体，競争的には生産されないからだ．しかし，公共財の影響はそれ以上に大きい．公共財は課税で賄われなければならず，全ての課税は実際にはパレート最適の達成に求められる限界価値の平等を妨げる．たとえば，もし，所得税のような，所得にかかる税がある場合，影響を受ける人は，課税されないときに比

べ，働くのを減らし，もっと余暇を持とうとするだろう．あるいは，しばしばもっと現実的な対応として，収入が捕捉されない仕事を見つけるだろう．経済学者は，人々が行う如何なる経済的選択とも関係を持たず，それゆえ，パレート最適の達成を妨害するゆがみがなく，選択をねじ曲げない，一括税と呼ぶ税を考案した．しかし，残念なことに，そのような税は一般に存在しない．

　公共財の主題は，政府の適切な役割をめぐるどのような議論においても余りにも大きな部分を占めるので，これ以上の議論は第9章に譲ることにする．しかし，理論的厚生経済学の主題に関する議論を止める前に，パレート最適の重要性（あるいはくだらなさ）についてもう少し論じる必要がある．話をパレート最適から出発させよう．誰かに損害を与えることなしにポールの暮らし向きを良くする方法はない．さて，ピーターにとって，なんともできない量の資源を，彼から――一括税（上記参照）で――取りあげることで彼を傷つけると仮定しよう．この資源をポールに与える（一括補助金）．ピーターとポール，およびその他全員は，生産を行い，自由に交易ができる．彼らは，議論してきた仮定が与えられれば，新しいパレート最適に到達する．そのようなパレート最適点は明らかに無数に存在する．誰かの暮らし向きが良くなり，別の人の暮らし向きが悪くなる状態の間で比較を行うことなしに，これらの最適点を良さの観点から順序づけることはできない．同じことは最適に近い状態に対しても言える．特に，任意のパレート最適は，多くの最適に近い状態よりも悪くなる場合がありうる．最適に近い状態は，第2章で議論したように，「一般的良さの関係[2]」が存在するときにのみ，それらの良さの見地から全て順序づけることである．

応用厚生経済学と費用便益分析

2）「一般的良さの関係」は，John Broome（1991）によって採用された概念である．理論的厚生経済学に関する大部分の研究において，同じ目的が，「社会的選択関数」（SWF）と呼ばれるものによって成し遂げられている．

理論的厚生経済学から応用厚生経済学へ話を転じるに当たって，最適状態のための必要条件，および，その最適点が如何に達成されるかから，ある実際の状態が別の状態より良いとか悪いとかを決定することを含む問題へと移っていくのは必然的な流れである．

　費用便益分析は，いくつかの状態を，分析が進められている計画と比較したり，しなかったりする．これは応用厚生経済学である．実際の費用便益分析には，厚生経済学を適用するに当たって，利害関係を持つ者殆ど全員が含まれている．このことは，費用便益分析を，人間の厚生に理解や関心を持たない経済学者による数字信奉および不当な影響力と同一視する何人かの社会学者を驚かせるだろう．この認識は誤りである．

　費用便益分析は1930年代の米国で水資源投資に対する評価として始まり，経済学者よりも技術者によって創始されたものである．費用便益分析は広く利用されるようになってきているが，依然として，主に，公共投資計画の評価技術と考えられている．経済学者が計算しようとしているのは，計画から利益を得る者が損失を被る者を少なくとも補償し得るか否かである．経済学者は同時に利得者と損失者を識別することも求められる．計画によって直接間接に影響を受ける人々の豊かな生にとって，その計画の結果が大きな影響力を持つときは常に，この計画に賛成しようがすまいが，費用便益分析は唯一の論理的判断手法である．

　形式的な費用便益計算は主に投資事業に限定されるように思われるが，その手法は，どんなに粗雑で理論的でなくても，公私を問わず，どのような行為者によるどのような決定にも適用されるだろう．これが，費用便益分析を厚生経済学に適用するに当たって，利害関係を持つ者殆ど全てが含まれると言った理由である．

　経済学者や事業評価チームが計算しようとしているのが，利益を得る者が損失者を補償しうるかどうかだけ，あるいは，その事業が正の現在社会価値（PSV）[3]を持つ持たないに関わらず，通常，殆ど同じものに

3）　現在価値（PV）は全ての受け取りから支出を引いた総推定割引貨幣価値である．費用便益分析は，通常，一つの事業の現在社会価値（PSV）を決めるのを目的としており，利益を得る者が損失を被る者を

到達するという事実によって示される問題に戻ろう．実際には，正のPSVは必ずしも改善を意味しないということは既に強調した．もし損失を被る者がいるなら，分配の判断が，厚生の見地から，利益は損失を上回るという結果に対して依然として求められる[4]．

　経済学者の中には，分配的価値判断の論理的必要性を回避しようとする者がいる．もし価値判断を容認したら，経済学は科学的ではなくなると感じている者がいる．そういう人たちは，要するに，羽根も持たずに飛ぼうとしているのだ．もっと理性的な人は，個人間の判断は，誰がどのくらいの利益を得るかとか，損失を被るかということに関して膨大な研究を必要とし，大抵は，あるとき損失を被った人の多くは，いずれにしても，別の機会に利益を得る，と論じる．さらに，問題が公共事業の場合，特に，判断を行う政治権力は厚生よりも投票に興味を持ちがちなので，分配問題に対する配慮が必要以上に重視されるだろう．この点に関しては言いたいことが山ほどある．もし普通の投資事業，あるいは，政策や実施の変更が，全て，公的部門か民間部門を問わず，分配の分析

　　　　補償しうることを示すよう求められるのはこちらである．本文中で，正のPSVは利益を得る者が損失を被る者を補償しうるというのと殆ど同じであると述べた．「殆ど」と言うのは，たとえば，損失を被る者が死亡するといった，補償できない場合があるからである．

　　　　　PVとPSVは以下の点に関して異なる．(1)実際の価格は社会価値を反映せず，(2)外部性が存在する．分析者は，最初の問題に対しては，社会価値に等しいように計算される会計価格を用いることによって可能とし，二番目の問題に対しては，仮定された外部性に対する価格を属性として容認する．必然的に関係する問題は，I. M. D. Little and J. A. Mirrlees, *Project Appraisal and Planning for Developing Countries* のいたるところで検証されている．

4）　分配判断を含んだ経済的改善にとっての二重基準は，I. M. D. Little, *A Critique of Welfare Economics*（第2版，1957）で提案された．その結果，多くの誤解が生じた．Michaek J. Boskin (ed.), *Economics and Human Welfare* 所収の，"Welfare Criteria, Distribution, and Cost Benefit Analysis" において，リトルは，この「リトル基準」は妥当かつ有効で，実際，大部分の費用便益分析の基礎であると主張した．

と判断の主たる問題でなければならないなら，殆ど全ての人が損害を被り，進歩は確かに抑制されるだろう．

あらゆる事業が分配上の判断を必要とするということと，どんな事業もそんなことは求めないということは違う．この二つの言い方はどちらも誤っていると私は思う．公共部門の大規模なインフラ事業は，一般的な利益はどうあれ，しばしば多くの人々を傷つける．谷全体に水を満たし，何万何千という人々の家や生活を奪うダムは，激しい論議を呼ぶ問題である．そのような場合，もちろん，補償は支払われなければならないが，それを適切に行うのは極めて難しいだろう．

場合によっては，分配上の判断は問題の核心である．一般的な利益や損害は，いずれも極めて小さいか無関係だろう．一例を挙げると，A，Bどちらか一方の命しか救えない時に，その決定がどちらの人間の効用の損失がより大きいかという理由だけで行われる，といった問題である（この場合，補償はできない！）．しかし，もしAが創造力あふれる科学者で，Bに対しては有利なことが何一つ挙げられないなら，社会的な費用便益分析はAに有利な決定に傾くかもしれない．二重基準が再び必要となるだろう．

第Ⅱ部

政治学と哲学

4

国の役割

　第Ⅰ部で，一つの状態が別の状態より良いかどうかを決定するためには分配判断が必要だということが分かった．そのような判断にとっては，より良いと思われる状況において，誰かの暮らし向きが悪くなるということを知るだけで十分である．

　そこで，「誰がその判断を行うのか」という疑問が生じる．本書で既に提案された一つの答えは，「あなたがそれを行う」というものである．誰でも自由にそのような道徳的判断を行う．何人かの政治哲学者が示す別の答えは，公平な観察者がそれを行うというものである．公平性は，様々な状態において各人がどのような立場にあるのかということが分からないように，「無知のヴェール」の背後に仮説的な観察者を置くことによって仮説的に保証される（25ページ参照）．この判断は観念的な答えである．

　しかしながら，本章での関心は実生活での決定だから，誰が判断するのかを尋ねなければならない．それは誰かの個人的な能力だろう．分かり易い例は，たとえば，自分の財産を息子に残そうか，それとも慈善事業に寄付しようかといったことを決める人の場合である．この対極にある例は，決定の権限を持つ国あるいはその機関である．その中に，分配結果を伴う決定を行える権限を与えられた民間組織が多数存在する．これらの組織は（地方政治，大学の学内政治，教会内の政治などの）政治を含むだろうが，本章では国に注意を集中する．何故なら，本書の関心が，とりわけ国家権力に対する限界，もしあればのことだが，およびそ

の合法的な目的にあるからである．これに対して，非政府組織の力は，一国の統治権の下で機能しているのだが，法で規制されている一方，その目的は通常極めて厳密に定義されている．

　先に進む前に，ここで，国および政府の概念について一言述べておかなければならない．国は立法，行政，司法の全てを統括し，(もしあれば，憲法を含む) 法規は，それが主張する領土内の住民を統治する．国は，また，しばしば，その代理人の要求によって定義され，それによって，唯一の最終的立法者，最後の司法者，唯一の行政者であることを要求する．とりわけ，国は，その国民と (宣戦布告をしたときにのみ) 外国人の双方に対する力の行使の独占者であることを要求する．

　政府は国の居住者と考えられるだろう．政府は，暴力か，憲法あるいはその国の慣習のどちらかによって政権に就いたり去ったりする．政権に就いているときは，政府は憲法に従って，国の組織や (憲法を含む) 法規を変えるだろう．しかし，如何なるときにも，政府は国の代理人である．この意味で，通常，代理人とは，我々を巻き込む決定を行う政府の行政部門もしくは代理人のそのまた代理人であるが，我々は，いつも，政府と国の間には区別すべき境界が存在しないかのように国を考える．

国家権力の限界

　次に，国家権力に何らかの境界があるかどうか，その意思決定にいかなる法的および道徳的制約があるかを検討する．国家権力と絶対に利害が衝突しない私的活動は存在するのだろうか．道徳と矛盾する国の行動はあるのだろうか．また，その特徴は何だろうか．何が反抗や反乱を正当化するのだろう．

　国は憲法である程度までは自己抑制をするだろう．アメリカ合衆国が最もよい例である．アメリカ合衆国は，連邦政府の力を制限する連合であるばかりではなく，連邦の行政力も，最高裁の判断に見るように，憲法の制約を受ける二院制立法府によって限界づけられている．建国者たちは，統治権が中央に集中するのを制限する「チェック・アンド・バランス」のような複雑な制度を作ったとき，宣言された人々の権利を非常によく考えていた．

しかし，人や機関が自分自身をコントロールしたり制限したりするということは何を意味しているのだろうか．憲法は貞操帯にたとえられてきた．それを付けている人は，どの辺に鍵があるか知っている．一方，国の統治権は，現行政府が，憲法に則った手続きでなければ暴力によって覆されるであろうという事実だけに限定されているように思われる．そのときでも，国は実質的に変化せずに存続するだろう．それゆえ，国による実際の自己抑制の大きさ如何で，国家権力をどのように制限すべきかとか，国に従うために，人々や領土内の居住者の義務としてどのような制限があるべきかという問題が無意味になる訳ではない．これらは昔から続く政治哲学の問題である．

　一国の力が制限されるべきだという考えは，国が破ったり踏み付けにしてはならない権利をその国の人々が持っていることを意味する．国には誰に対しても行ってはならないことがあるということである．しかし，権利，もしそのようなものがあるとすればの話だが，その意味，およびその起源あるいは由来については意見が分かれる．厳しい議論は避けられない．

個人の権利

　もし，権利が国による過剰な干渉から人々を守るためにあるなら，権利を国から引き出すことができないことは明らかである．それでは，権利はどこから出てくるのだろう．権利は神から授かったものだと信じている人もいるだろう．しかし，本書では無神論の立場をとる．恐らく，権利はどこからももたらされない．国や個人によって作り出されてはいないことが明らかな権利は，（以下に見るように）「自然権」，「基本権」，「人権」などと，様々に表現される．これらの権利は，ともかくも，人間に内在するものである．この見解は馬鹿にされてきた．ベンサムが，自然権を「根拠の危ういたわ言」と評したのは有名である．近年，ロナルド・ドゥオーキンは，この見解が拠り所にしているのは，自然権とは，原始人が「魔よけのように，暴政を回避するために文明の中に持ち込み，身に付けているきらきら輝く装飾品のようなもの」であるという比喩をもって，馬鹿げた概念であることを指摘することで，自分の嫌いな法哲

学に対する十分な反論と考えた米国のある判事を引き合いに出している[1]．ハートは，最小限の自然権の概念を擁護した．それは自由である権利である．彼の主張をより正確に言えば，もし何らかの道徳的権利が少しでもあるなら，「選択を行うことのできる大人なら誰でも，(1)全ての人が，強制や制限を阻止する場合を除き，彼に対する強制や支配を控える権利を持ち，(2)他人を痛めつけるために強制しているのでも，制限しているのでも，意図されたものでもないなら，どんな行動もとれる自由（すなわち，それをやめるのに何の義務もない状況）がある[2]」，ということである．

注意すべきことが何点かある．第一に，「もし何らかの道徳的権利があるなら」は留保付きである．権利に対し何も言及しない道徳律を想像できるので，ハートはこの留保を付けた．第二に，上記(2)は，ハートが自然権によって意味するものを示した部分であるが，権利としてではなく，自由として述べられている．もし，自然権がこのように自由と共に認識されるなら，人は——呼吸をしたり，瞬きをしたり，立ち上がったり，座ったりといった——広範囲な自然権を持つことになる．自然権や人権や基本的権利を主張する人は，そのような権利を何らかの道徳的重要性に関する行動に制限したがっていると，私は思う．また，(2)では，「意図された」を「起こりそうな」に置き換えるべきである．車を高速で運転することが他人を傷つけそうな場合，速度制限が正当化される．車の仕様とか目的は必要ない．第三に，(1)は，「全ての人」が国を含むなら，過剰な干渉に対する防衛としての自然権を主張する人なら誰にでも，その人が望むものを全て与える．ハートはさらに続けて，彼が自由である権利とも呼んでいる上記の権利は，人としての全ての人に属し，彼らが，ある社会の構成員であるかどうかとか，互いに特別な関係にあるかどうかだけではないと言う．これには当惑させられる．どの社会にも属さない個人を考えることは難しい．同様に，社会がなくても存在する道徳律

---

1) R. Dworkin, *Taking Rights Seriously*, Duckworth, 1978, p. 176.
2) H. L. A. Hart, "Are there any natural rights", *Philosophical Review*, 64 (1955), pp. 175-91, Anthony Quinton (ed.), *Political Philosophy*, OUP, 1967.

（あるいは，道徳律なしに存在する社会）を考えることも難しい．実際，それは私にはナンセンスであるように思える．つまり，権利と強制の抑制は道徳律を意味し，道徳律は社会を意味する．

しかし，一つの社会に属するということは一国の国民であることと同じではない．社会は，家族や部族ほどではないだろうが，国，すなわち，権力の独占を主張し，従順さを実際に要求する権威的機構の発生以前から存在してした．社会通念と道徳律が発達し，全ての社会にとって欠くべからざる要素となった．それらは，人に対する人の行動を定めるか，少なくとも強い影響を与えた．ホッブスが，リバイアサンなしの人生は，必然的に，「孤独で，貧しく，汚らわしく，粗野で，短い[3]」と考えたのは誤りだった．権利は，かくして，如何なる国からも独立して存在する．

ハートは権利を特定のものと一般的なものに分けた．特定の権利は，人々の間に特別な関係があるときにのみ存在する．そのよい例は，約束と（相互の約束である）契約である．人が誰かに何かを約束するとき，約束された人は，約束した人が約束を実行するという権利を獲得する．約束した人は，この約束を作り出し，同時に，約束したことを実行する義務も作り出す．権利と義務は社会通念からも生じるだろう．典型的な状況として，二人の人がぶつかりそうになったとき，どちらが道を通る権利を持っているかを決定する社会通念があるだろう．権利を持っていない方は道を譲る義務がある．そのような状況において，社会通念は，そこから全ての人が利益を得る限り暗黙の同意があると解釈されるだろう[4]．具体的な権利は全て義務と対になっており，義務は権利を持っている人に対する割符としてのみ存在する．権利に対応した義務を持つ具体的な法的権利は国が与えるものだと言う人がいるかもしれない．これは間違っていると私は思うが，意見が分かれるだろう．

しかしながら，一般的権利という考えは難しい．それは，ハートが自由である権利と呼んだもの――自分の心にあることを話したり，祈りたいときに祈ったり，歩き回ったり，呼吸をしたり，といった権利――の

---

3) Thomas Hobbs, *Leviathan*, London, 1651, p. 97.
4) R. Sugden (1998) 参照.

例であるように思われる．このような形で「権利」を用いるときの問題は，人は社会に受け入れられた社会通念や合意や法によって禁じられていないことなら何でも自由に行うことができるということで，それゆえ，無数の権利がある．自由である権利を数え上げるのはだらだらと長くなるだけである．要するに，人は自由であると言うだけでよい．

アイザイア・バーリンは，人や政府が越えることのできない「自由の境界」を定めているものとしての人権に言及している．彼は，この境界を定義する規則は，「……非常に広く受け入れられており，人類が歴史を通して発展させてきたので，今では，いわば普通の人間の本質的な部分として，人類の文化的性質の中に非常に深く根づいている[5]」ものであると論じる．この見解は，無数の権利を列挙することが自由の境界としては説得的でない点を除けば，受け入れられる．自由の境界は，人が他人に行わないだろう物事をはっきりと限定することで適切に構築される．

ロバート・ノズィックの *Anarchy, State and Utopia* の最初の大げさに響く文章は，「人々は種々の権利を持ち，彼らに対し，何人も，また，如何なるグループも（これらの権利を侵害することなく）行わないであろう物事が存在する」というものである．もし彼が，「誰も，また，いかなるグループも個人に対して行わないだろう物事が存在する」と書いていたなら，意味はないが，強調すべき点がどこかで失われていただろう．批評家は，ノズィックは論じている権利の源泉を説明していないと批判したが，これは正しい．しかし，禁止は権利から導かれない．もし代わりに，これらの禁止——人が他人に行なわないであろう物事——の源泉が何かと尋ねたら，答えは簡単である．それは，恐らくは，人類の祖先が人間的感情を持つ存在になる以前から，全ての社会において形成されてきた一連の社会通念や合意である．禁止事項の大部分は，他人を殺害したり，不具にしたり，攻撃したりすることと，他人の所有物を盗むことである．これらは，どのような初期の社会においても必ず見られる慣習と社会通念である．

一般的権利は，こうして，オッカムのかみそり——「実在物は必要以

---

5) "Four Essays on Liberty," p. 165.

上に増やされるべきではない」——を用いることで削減することができる．犯罪の概念を用いるのが論理的により経済的である．すなわち，他人に悪い事を行うことを防ぐ以外に個人の自由に干渉することは間違っている．しかしながら，時折，ある権利，たとえば，発言の自由に訴えることで，禁止を強調することは有効であろう．「所有権」（以下の節を参照）という言い方を用いるのが時折便利であるということも理解されるだろう[6]．

ここまで，個人の権利，責任，義務しか考察してこなかった．国はどのような権利と義務を持っているのだろうか[7]．この疑問に対して，次節において社会契約の考えを考察する．しかし，第一に，国の権利や義務が，もしあるとすれば，それは個人から引き出されると仮定するという本書の立場を明らかにしておこう．これは共同体主義の教義を否定することである．共同体主義者は，共同社会の中に厳然と存在し，個人の財に分けることのできない共通の財が存在すると信じている．実際，個人は，共同社会を離れては存在しないし，自然権は意味がない．

「共同社会の財」とは，人によっては魅惑的な言い回しである．別の人にとっては，この言い回しは，国（あるいは任意の統治機構）に，個人に対する害など全くお構いなしに，何でも行う自由を与えるという恐れを抱かせる．つまり，共同社会の財という言い方には，全体主義と専制政治の臭いがする．こういう言い方は不公平だろうから，第8章で，共同体主義をもっと詳細に考察する．しかし，本章では，終始維持してきた「方法論的個人主義」と呼ぶ立場に戻る．それは，全ての公共財の費用と便益は個人の費用と便益にまで遡ることができるという主張である．

---

6) 正しいことよりも間違いの方が道徳的により基本的であるという主張に関し，私はジャセイの影響を大いに受けている．第5章における正義に関する節も参照．

7) 組織は，国はさておき，契約を行い，それによって，義務と権利を獲得するだろう．それらが従うであろう法的条件は我々にとって重要でない．憲法と責任ある代理人を持つ機構ではないグループが権利を持ち得るか否かという疑問には異論がある．

社会契約と所有

　社会契約論によれば,国の権利と義務は個人に起源を有するという.社会契約論は,今日では,少なくとも,ホッブスに遡る.ホッブスは,自然状態では欠落している安全を保障する最高権力を作ろうとして,約束を取り決める人々を想定した.この最高権力は,一度組織されると最高位に君臨した.統治されている者は,この権力を覆す権利を持っていなかった.なぜなら,国は全ての道徳律の源泉だったからである.しかしながら,本書ではジョン・ロックに従う.その理由は,彼の社会契約に関する説明はホッブスよりも優れており,(ホッブスにとっては,従うことが最も良いとする) 人権と政治的責任に関する議論を認めているからである[8].

　ロックの自然状態はホッブスのそれよりも快適である.権利と義務を持つ道徳律が存在する.これらの権利は神からやってくる.それにもかかわらず,人々は信頼されず,したがって,安全は重大な問題であった.それゆえ,人々は,国が人々の自然権を守る義務を負うという契約の下で,権利を手放した.それは,生命,自由,および,所有の権利であった.もし国がその義務を果たせなかったら,人々は反抗してもよいということが道徳的に正当化された.これに対応して,国が人々の生命,自由,所有権を守る義務を果たせなくならない限り,人々は従う義務を負った.

　どのような契約理論（契約主義）にも重大な問題があり,そこには,ジョン・ロールズその他の契約論者らによる最近の理論が含まれている.詳しくは第6章と第7章で検証する.契約は,もちろん,仮説的で,国が実際の契約をもってスタートするとは誰も考えない.しかし,仮説的契約はどのようにして実際の人々に責任を課し,どんな権利を国に与えるのだろうか.最後の拠りどころは,経済学者が言う,雇用者と被雇用者の間のインフォーマルな関係を記述する契約のように,暗黙の契約の中になければならないだろう.そのような契約は自分の意思で行動する

---

8) J. Locke *Two Treatises of Government*, P. Laslett (ed.), OUP, 1960.

人々の間で発生するが，大部分の人は，国民になることを自分の意思で選択しない．いくつかの国では，国民は出国の自由すら持たない．暗黙の契約の考えは，国民より旅行者の方にうまく適用できるように見える．国が保護することによる利益は，人々にいくつかの義務を課すと論じられるだろうが，その議論は，如何なる契約にも依存する必要がない．最後に，人によっては，契約主義が，法と秩序の維持，および所有権の保護に対する国の機能を，正当な理由なく，制限しがちであることを恐れるだろう．

もし社会契約の考えを否定するなら，何でもできる国の権利と自由がどこから来るのかを尋ねなければならない．本書の立場は，全ての権利は社会的相互作用によって作り出されるか，与えられるというものである．個人には，他人に権利を与え，自らに責任を課す自由がある．これは，明確な約束と契約によってなされるが，同時に，期待される権利に匹敵する法的期待を作り出すように行動することも可能である．個人が権利を作り出すということは，社会通念と慣習から生じる．「権利を作り出すために，人はどんな権利を持っているのか」と尋ねてはならない．この方法は後戻りを意味し，愚の骨頂である．

企業，学校，クラブ，地方政府のような組織も権利と責任を作り出すことができる．しかしながら，これらの組織は社会が作り出したもので，道徳的人格ではないという理由もあって，その権力は，通常，法によって厳格に定義される．

国は一つの組織である．それは，他の組織や人には，国が委任する場合を除き認められていない自由である，力による独占的強制力を主張するという点で，他の組織とは異なる．しかしながら，このことは，間違った行動を防止したり罰したりする力を行使する国の特権が，権利は社会的な相互作用によって作り出されるという本書の主張の例外であるということを意味しない．国がどのように作られようと，それは，その過程において，社会的枠組の一部，しかも，かなり重要な一部になっている．「いかなる権利によって，国は権利を作り出し，責任を受け入れるのか」と尋ねなければならないのは，個人の場合も同じである．しかし，国の特定の権利や責任や義務が明確に確立されたかどうか，および，そ

れらが道徳的に受け入れ可能かどうかを問うことはでき，また，問うべきである．これは，国とは関係のない伝統的な権利や義務と全く異ならない．

　ロックが国の機能として守るべきだと考えた生命，自由，所有に関わる権利をさらに考察することは有益である．生命と自由に対する権利は，ハートが自然な一般的権利と考えた権利そのものである．「権利」をこのように使うことには疑問がある．しかし，国の一つの機能は間違った行動を防ぐことであると主張することは同じことになる．国は自ら間違った行動をすべきでないと暗黙のうちに想定されている．こうして，一見したところ，国は，人々が間違った行動をするのを防いだり，それゆえに人々を罰する場合を除き，人々に強制する権利を持たない．

　確かに，国は例外だとする主張がある．国は戦時においては人々の命を求め，大部分の人々は，多分，そうする権利を国は持っていると考える．自由は常に論議を呼ぶ．個人の自由は，国以前の社会であろうが，国であろうが，傷つけたり殺したりすることも含め，他人の自由を侵害しないという条件がついている．しかし，強制を止めさせるのに適切な強制の程度は，実際の損害や，発生しそうな損害の大きさに依存するのは確かだが，難しくてなかなか決められない．誰が決定するのか．それは，最終的には，いつも国である．誰もこれには異存がないと思う．もっとも，（最も醜い暴力のケースとして私が挙げる，幼児に対する大人の異常性欲のような）特別な場合には，しばしば，激しい意見の不一致があるが……．最後に，国は，ある人を利するために，別の人に課税したり，自由を制限したりする権利を要求する．それは，国は個人ができないことを行う権利を持つという主張である．（これを次節で更に議論する．）

所有と所有権

　人は間違ったこと以外なら何をするのも自由だと論じた．間違った行動は社会の慣習，社会通念，法によって定義される．ある行動がこの観点から見て，もし間違っているなら，それを，単に，社会に受け入れられないと言い，誤りでないなら，社会に受け入れられると言う．人の自

由の中には，自分の所有物を使うことも含まれなければならないのは明らかである．所有物の中には，こぶしのような身体の一部や，長靴とか銃といった個人の持ち物が含まれる．個人の自由と，個人の所有物を使用する自由の間には本質的な違いはない．便宜上，時折，社会に受け入れられるなら，所有物をいかようにも使える自由を略して「所有権」という言葉を用いる．

いくつかの所有物，特に土地の使用は，非常に厳しく制限されている．地主は，許可なく建物を建てることなど殆ど認められない．木を伐ったり，特定の作物を栽培したり，特定の動物を飼ったりすることなども認められないだろう．このような制限があるのは，いくつかの土地の利用法は外部不経済を作り出すと考えられているからである．このような制限は，時々，中央政府による経済計画の目的のために行われる．土地の所有者も，自由に土地を他人に売ったり，相続させたりできないだろう．そこで，彼らは本当に土地を所有しているのだろうかとか，果たして，国の住人といえるのだろうかという疑問が生じる．

厄介なのは，所有権ではなく，所有者の概念である．誰かがある物や考えを思うがままに用いる自由を獲得するということが，そのような利用が社会に受け入れられたり適法であることに関してだけでも，どのようにして起こるのだろうか[9]．財産を獲得する最も一般的な方法は労働である．自分のサービスを売ることで収益を得ることに異議を唱える人は誰もいない．他の資産を用いて金を作ることもできるだろう．これらの資産が何の不正な行為もなく獲得されたものなら，なんら問題は発生しない．交換を通して得たものも，もしそれが自由に行われ，得られたものや資産が実際に相手の所有物であったのなら，何の問題もない．今日では，奴隷を持つことはできず，自分を奴隷として売る自由を持たないというのが例外である．

相続を含む贈与の場合も殆ど同じである．相続人が獲得した財産の価値は，その人が自分で稼いだわけではないという理由で，相続が問題に

---

[9] アイデアの所有，および，一般に，知的財産は，特殊な特徴を持つため，スペースと専門的知識の不足もあって，ここでは議論しない．

される．父，祖父，あるいは何代か前の誰かがそれを獲得し，それを後世に伝えるのは自由だった．しかし，その場合でも，誰もそんなことはしなかったという可能性がある．全ての自然資産を含む土地は，誰もそれを作ったわけではなく，それゆえ，誰もそれを作ることによって獲得することができたのではないので，問題の源となる．最初の段階で，土地はどの程度私有されていたのだろうか．かつては，土地はただで，個人の所有権は存在しなかったと想定できる．ある時点で，土地は囲い込まれ，個人の所有権が主張され，他人を強制的に締め出すことに成功した．これが経済的理由で起こったのは間違いない．土地が希少になるにつれて，個人の所有権を認める制度が有効に利用されるようになった[10]．囲い込んだ人は所有権を獲得するのか．

ロックの答えは，「他人に対して，十分に，また，良いものとして残されている」なら，「所有権を獲得できる」というものであった．大多数の経済学者は，所有権をこのようにとらえることはできないという点に同意するだろう．なぜなら，当時，土地が希少でなかったら，ロックの言う通りになっていたのかもしれないし，希少性が予想されなかったら，囲い込みはなかったのかも知れないからである．これは，「ロックの条件」と呼ばれるが，これが満足されるという確信は誰も決して持てない．囲い込みによって生産性が大幅に増大したときでさえ，誰も損失を被っていないなどということはありそうもない．

単に自然資源だけでなく，如何なる所有物も，それが継承されてきた歴史的過程のどこかで正当化されない獲得方法に突き当たるだろうが，プルードンが言うように[11]，全ての所有物は盗まれたものであると主張するのは極端だろう．ある時点で，過去の罪は水に流され，所有権を認めなければならない．

ノズィックの正義に関するエンタイトルメント論は正当な獲得に大きく依存しているが，彼は，過去における多くの獲得は多くの人々を傷つけたことを認めている[12]．彼は，「修正」の原理を提案する．ジンギス

---

10) Demsetz（1967）を参照．
11) P.-J. Proudhon（1840）．

カンや英国植民地入植者によって略奪された人々の子孫たちを特定することはできないし，補償もできないことは明らかである．最初の侵略者の子孫たちに支払わせることもできない．これを認めた上で，ノズィックは，貧しい人々は最初に虐げられた人々の子孫である可能性が最も高いという[13]．これは，厚生の支払を，功利主義的理由に基づいて，国の再分配権を否定する彼の見解と妥協させるための非常に曖昧な試みに見える．

返還は，しかしながら，現在も係争中の問題である．北アメリカのインディアン，オーストラリアの先住民，および他の先住民は，何世代も前の先祖が失った土地や鉱物の返還，あるいは少なくとも補償を求めている．しかしながら，哲学的に難しい問題がある．その要求は，個人のためではなく，部族やより大きな少数民族グループのためである．これは，グループが道徳権と義務を持つことができ，しかも，これらが後の世代に継承されうるという問題の多い要求を前提としている．加えて，権利を主張している部族自身も，誰も傷つけずにその土地を獲得したことを示す必要があるだろう．これは，そのようなグループのためにこれ以上行うべきではないといっているのではなく，ただ単に，権利の返還であるようなケースは曖昧であると言っているだけである[14]．

既に，土地の私的所有は，少なくともいくつかのケースでは，生産効率，すなわち，同じ資源を用いてより多くの生産を行うことのゆえに生じたことが分かっている．今では，所有に関する明確な定義が経済的効率にとって不可欠であると一般的に認識されている．希少資源を広範に使用することから生じる害——たとえば，魚の乱獲——はよく知られている．所有に関する明確な定義は，同時に，価格メカニズムにおけるいくつかのよく知られた欠点をも取り除くだろう[15]．もちろん，全ての所有物は，恐らく歯ブラシを除いて，公共的なものかも知れず，所有権は

---

12) R. Nozick (1974).
13) 前掲書 p. 231.
14) David Lyons (1982) を参照.
15) Coase (1960) 参照.

明確に定義されるかも知れない．社会主義国の工場管理者は，どれが自分の所有物で，どれが自分の所有物ではないかを正確に知っているだろうし，自分の所有物で何を行うことが許されているかも正確に知っているだろう．しかし，その場合，経済的不効率は，しばしば，違った理由で生じている．それをここで詳しく論じる必要はない．

　ここでの所有権に関する議論は，所有権を侵害すると思われる国の行為に対し，所有権が防衛できるかどうかについての初歩的な議論である．しかし，ともかく，まず，今までの議論を要約しよう．所有物は実在する．あるものが私のものであって，あなたのものではないということは，道徳的な要求であって，単なる法的な要求ではない．あなたはそれを私から取り上げる権利を持たない．もし私が働くことでそれを，あるいは相手が所有していたものを交換や贈り物として獲得したのなら，それは私のものである．そのような所有権が，どの位昔まで辿る必要があるかは未解決の問題である．私は，一回の移転以上先には及ばないことを提案する．私の罪は私の子供たちに償いの義務を課すだろうが，私の孫には課さないだろうし，明らかに，無限には続かない．所有権は，社会が認める方法なら，どのような方法でも，その所有物を使用する自由を所有者が持つことを意味する．国は，社会が受け入れない用い方を防ぐために，法を通過させ，強制する権利を持つ．しかし，国は同時に，所有者の所有物を守り，その社会が認める方法でそれを使用する自由を守る義務も負う．国は，確かに，容認されない行動に対して課される罰金のような正当な司法的理由なしに，所有物を取り上げることで保護してはいない．それゆえ，国は，再分配を目的として，税を課したり，他の制限を課す権利を持っていないように見える．これは，大部分の人が同意しないと思われる結論である．

　再分配政策に賛成する人はどんなことを言うだろうか．その人が，再分配が問題にはならないと思われる完全に社会主義化された経済に住んでいないなら，個人の所有権を殆ど否定できないか，ある人からその所有物を取り上げて他の人にそれを与えるというだけの目的での課税は，前者の自由の侵害であるということを殆ど否定できない．そのような再分配の擁護者にとっては，所有物を保護するという国の義務は，国自身

が取得することに常に適用されるわけではないと言う以外に言いようがない．もし，権利のあらゆる侵害が必ず不正を伴うなら，国は何らかの再分配の目的のために，不公正でなければならないということになる．これは不愉快な言い方だが，矛盾してはいない．それが私自身が信じることである．別の言い方は，何らかの別の理由で，もし実行されたら不正となる行動は，もしその目的が再分配によって厚生を向上させることなら，不正ではないだろうということである．重要な違いはない．いずれにしても，結論は，厚生は時々正義に勝るということである．

ここでは，再分配の概念を，法と秩序を維持し，所有物を保護する義務を越える可能性のある，国の目的として紹介した．第5章および第6章では，もっと干渉的な国を正当化していると言われる諸理論を検証する．最初に取り上げる理論は功利主義である．

5

功利主義：理論と応用

　今日の功利主義は少なくともフランシス・ハチソン[1]とデイヴィッド・ヒューム[2]にまで遡る．彼らは，社会にとって価値のあるものは何でも効用で説明し，正義と道徳を効用に根ざすものとして理解した．しかし，一般には，ジェレミィ・ベンサムが，最大幸福を個人，政府双方の行動の目的とする，包括的原理としての功利主義の創設者とされている．

　効用が幸福を意味すると理解されるなら，功利主義はアリストテレスまで遡る．彼の言葉を引用すれば[3]，「……我々が求めているのは政治学の目的——すなわち，実行すべき全ての善の中で最高位にあるもの——だとしてみよう．私が思うに，大部分の人は，それが何と呼ばれるかについて意見が一致している．というのは，大衆も教養のある人も共に，幸福であるということを豊かに暮らすとか上手く行動することと等しいと理解しているので，それを幸福と呼ぶからである．」

　第2章で，効用が集団的な幸福や豊かな生を表すものとしてどのように考えられるかが説明された．第2章で論じられた難しさをここでさらに検討するつもりはないが，幸福や厚生の最大化が，異なる時点での幸

---

1) *A System of Moral Philosophy*, 1755.
2) *An Enquiry Concerning the Principles of Morals*, 1751, 重版(1983), J. B. Schneewind (ed.)
3) *Nicomachean Ethics*, p. 5.

福の量を考えるために意味のあるものだと仮定しているので，この幸福または厚生の最大化原理に対する反論を探索してみる．ここでは伝統に従い，上記の幸福の概念が時々用いられるが，効用は個人と社会両方の善を直接的に表すように定義することができる．そこで，厚生や善の最大化にも言及する．

　功利主義は，ある行動が正しいか間違っているかは，もっぱら，その結果の良し悪しに依存すると主張する帰結主義の一種である．そして，この理由ゆえに，功利主義は攻撃されてきた．帰結主義は，権利，義務，責任，徳，正直，罰といった道徳の重要性の多くを無視すると考えられてきた．

　まず，行為功利主義と規則功利主義の間の違いを論じなければならない．規則功利主義は，帰結主義の一種である功利主義が重要な道徳規則を無視しているという反論に対する答えとして案出された[4]．いくつかの規則は一般的な厚生にとって必須であるとされた．結果を見ると効用が最大化されていると見えるかもしれないが，道徳規則を破った行動は，平和で繁栄している社会にとって欠くことのできない規則に対する一般的な遵法意識を徐々に蝕んでいく．そのようなパラドックスの明白な例は，誰かとの約束を，他の人を喜ばせるために破ることである．功利主義を擁護する大部分の人は，規則功利主義者のように見え，彼らは，規則が破られるのは極めて例外的な場合だけであるということに同意するだろう．

　引用されるであろう規則についてもう少し述べる必要がある．功利主義者が効用を最大化すると信じる規則を選択するのは明らかである．これらは，平和で発展しうる全ての社会において本質的な要素となるように進化し発展してきたものとして，功利主義者ではない人が支持するかもしれない慣習や社会通念と何か違いがあるのだろうか．大多数の功利主義者は，両者の間には緊密な相互関係があることに同意すると考えられる．違いは，多分，規則に従うことを正当化する理由の中にあるだけ

4）　経済学者としては Roy Harrod が該当する．R. F. Harrod (1936) を参照．

である．

　しかし，規則を破るというのはどういうことだろうか．例外的と言ってもよい状況にはいつなるのだろうか．功利主義者は何でも——約束の相手を失望させ，他の人を喜ばせることから得られる，効用で測った明白な純利益，約束を破ることによる罪の意識，約束を守るという社会通念を弱めることによって引き起こされる負効用，そして，仮に，約束を破ることが本質的に悪いことであるとするなら，そのことも——考慮に入れる．功利主義者は，規則功利主義者であると同時に行為功利主義者でなければならず，相反する問題が生じたときには，功利主義者の立場に立って決定しなければならないように思われる．これは，決して破ってはならない規則が存在することと整合性が取れている．最後に，規則，慣習，社会通念を全く適用できないところで決定しなければならないことが沢山ある．一方，功利主義は普遍的な原理を規定する．要するに，功利主義者なら普遍的な功利主義者でなければならないということである．もちろん，彼は規則の価値を考慮に入れる．

　哲学者の中には，いくつかの権利は退けることができないとしばしば主張する者がいた．そのような権利は，如何なる量の効用に対してもその大きさの順に優れている——たとえば，良い点が何もないからという理由で，無実の人に死を宣告したり，刑務所に入れることは正当化できない．これは，「権利は切り札である[5]」とも表現されてきた．ノズィックによれば，権利は，ある目的を達成したり，最大化するように意図された行動に関する補足的な強制力と認識されるだろう[6]．もし，命，自由，所有物に対する全ての権利が強制力とみなされるなら，国にとっての功利主義など殆どないだろう．既に見てきたように，政府は再分配政策を採用できない．厚生経済学にも残されているものなど殆どないだろう．なぜなら，殆どの計画や政策の変更は，誰も傷つけないだろうなどとは想像できないからである．しかしながら，決して許されてはならない誤りがいくつか存在するということはありうる．そのような限定され

　5） R. Dworkin (1977).
　6） Nozick (1974), pp. 30-3.

た補足的な強制力が備わっていると，一般に，帰結主義，とりわけ，功利主義は実行可能となる．

これら全てが帰結主義と功利主義に関するかなり強力な擁護になると私は信じる．R. M. ヘアーは，長いこと功利主義の忠実な擁護者だったが，カントの普遍化可能性の原理は功利主義を含むと主張しているように見える[7]．これは確かに，余りにも行き過ぎた見解である．人は，ある特定の行動は与えられた状況の下でその人にとって正しく，しかも，同じ状況においては，誰も同じように行動すべきであると信じるだろう．しかし，なぜこれが功利主義と何らかの関係を持つのだろう．功利主義者でない人は，たとえ総効用を減少させるとしても，特別の状況においては，ある行動，たとえば自殺は正しいと信じるだろう．そして，同じ状況において自殺することは，誰もが正当化されると信じる[8]．

我々は，なぜ大部分の人々が厳密な功利主義を個人の道徳原理として受け入れられないと分かるのだろうかという主要な理由には触れていない．それは，コミュニティの幸福を評価するとき，全ての人を等しくカウントしなければならないことを要求している．しかし，それは，我が子を世話すると同じように他人の世話をする母親にとっては，単に不自然なだけでなく，不道徳でもあることは確かだ．しかしながら，ここで規則功利主義の力を借りることができる．かくして，両親は自分の子供たちに特別な注意を払わなければならないという規則は，社会的効用の見地から正当化されるだろう．これに反しているので，友人と親類に対する選好は，一般に，説得力のある社会規則を生みださない．実際，親族を登用することは，社会的効用を突き崩すものとして，少なくとも西欧諸国では非難される．

規則功利主義が正しいとするなら，個人にとっての功利主義は政府の原理としての功利主義に影響を与えない．これが我々の主たる関心である．人は，全ての個人の厚生は，国の計算上は，同じウェイトを持つべきであると信じる一方で，同時に，特定の状況において個人に友人や縁

---

7) R. M. Hare, *Moral Thinking*, chaps. 5, 6.
8) P. Pettit（1987）参照.

者を優遇することを許す道徳律を尊敬し支持する．家族の価値を重視する考えは，全ての国が表向き賞賛する考えの一つである．私は，以上の間に何らかの矛盾があるとは考えない．

子供と家族に話が及ぶと，やはり命の価値も考えなければならないと思う．適切な目的が総効用を最大化するのか平均効用を最大化するのかに関して功利主義者の間に長く議論があった．他の効用関数も目的となりうる[9]．もし人口が不変なら，何の違いもない．もし人も政府も多くの人に影響を与える決定だと知らないで行うなら，問題はない．しかし，人口は変化し，人も政府も多くの人に影響を与える決定だと知っていて実行する．そこで，それによる問題をこれから考察する．

効用と命の価値

命の価値に関する最も理論的な議論，および意思決定におけるその概念の実際への適用は功利主義の枠組を用いてきた．ここでは，功利主義が，人口が不変のときと同様，変化するときにも有効であるかどうかをみなければならない．

まず，国を含む問題に進む前に，個人の問題を考える．人によっては（ある状況において）自分の子供を持とうと努める義務があり，しかも，いかなる帰結主義者の計算も不適切か，非道徳的ですらあると信じる人々がいるだろう．この件については単に考えないだけという人もいるだろう．しかし，もし初歩的な費用便益分析を用いる人がいるなら，その人は自分にとってと，既に持っている子供にとっての純利益を考察するだろう．しかし，まだ生まれていない子供の厚生はどうであろうか．その子が生まれるとき，その子は確かに自分自身の効用を持つ．しかし，大部分の人はそれを計算に入れないだろう．

総効用の最大化を目標とする古典的功利主義者や総和功利主義者は同意しないだろう．それにもかかわらず，既にこの世に生きている人に対する価値とは切り離して，新しく生まれる子供の価値を考慮しないということは，広く受け入れられているように思われる．この直感は，異な

---

[9] Blackorby and Donaldson (1984).

る人口を持つ二つの異なる状況が比較されるとき，一方が他方より良いとか悪いとか言うのは，両方の状況にいる人々にとって良いか悪いかだけによって決まるという原理を採用することによって形式化されるだろう．これを共通メンバー選好原理と呼ぶ．それは，良さが異なる共通メンバー選好原理で規定される集団から見て，もっと好ましい良さがあると判断されるとき，矛盾に突き当たる可能性がある．これは，表5.1に描かれている．

列は状態を指し，X，Y，Zは人である．これ以外の人々は全てこの6つの状態での暮らし向きが等しく，それゆえ，無視できる．数字は効用の水準を意味し，1が最低である．nは対応する人と状態の組み合わせが存在しないことを意味する．こうして，状態Aでは，XとYだけが効

表5.1[10]　効用単位数

	X	Y	Z
A	1	3	n
B	2	n	n
C	3	n	1
D	n	n	2
E	n	1	3
F	n	2	n

用水準1と3で存在する．XだけがA，B，Cに存在し，C，D，Eに存在するのはZだけである．E＞D＞C＞B＞Aとなるのは簡単に分かる．ここで，＞は，より多くの効用またはより優れていることを意味する．FもEより良く，それゆえ，推移性により，Aよりも良い．しかし，共通メンバー選好原理により，AはFより良い．これは矛盾である．

異なる集団が如何にして生じるかを考察しないで，異なる人口集団の良し悪しを評価することと，一つの人口集団から別の人口集団への移動が推奨されるかどうかを尋ねることとの間には，重要な違いがある．ここで，共通メンバー選好原理が移動するために推奨されていると解釈（いわゆる，義務論的解釈）してみよう．投票の逆理のような循環が生じるだろう．だが，ここで，誰も殺してはならないという制約を導入しよう．A，C，Eからの全ての動きは今や禁止され，このうちの一つが，どこからスタートするかに依存するが，選択されて終わらなければならない．さらに，匿名性の原理に従えば，それらの間で選択するものがない．匿名性の原理は，豊かな生の数字と水準は誰がどの水準になるかとは無

---

10)　表5.1は，Broome (1999), p.231の例3を簡略化したものである．

関係に状態の良し悪しを決定することを意味する．

上記の問題は，カルドア／ヒックス基準によって厚生経済学に持ち込まれた問題に非常に良く似ている．A から B への移動から利益を得る人は，損失者に補償し得るが，B に目を転じると，B から A への移動から利益を得る人も損失者に補償し得る．もし潜在的な補償がより良いことの基準なら，矛盾することになる．もしそれが移動することを勧めていると見なされるなら，どちらに移動すべきか判断に迷うことで生じる混乱を防ぐための規則が必要になる[11]．同様に，共通メンバー選好原理に，誰も殺されてはならないという規則が課されると混乱を防ぐことができる．

共通メンバー選好原理は，確かに，命を作り出すときよりも破壊するときに修正されなければならない．殺害の対象となっている人は死んでしまえば存在しない．それゆえ，共通メンバー選好原理に基づけば，その効用はカウントされない．だから，他人に苦痛しか与えない厄介な人は除外されなければならない．この結論を回避する試みには様々な方法があるが，大多数の人には受け入れ難いことが理解できる．一つは，共通メンバー選好原理を諦めることである．しかしこれで十分というわけではない．なぜなら，この厄介な人は人生から多くの楽しみを得られないだろうし，それゆえ，その人の効用を入れてもバランスはひっくり返えらないだろう．もっと良い方法は，功利主義と共通メンバー選好原理の双方において，殺人は絶対に正当化されないという補足的規則を受け入れることであると私は思う．それは，死んだ人の効用の損失はカウントされず，生存者に対する厚生費用だけをカウントするという死の費用に関する公式な費用便益計算であると私は信じるので，共通メンバー選好原理はそこで維持されるだろう．

時々医者が直面する問題は，医療資源が二人共助けられないときに，どちらの人を死に至らしめるかというものである．近年，QALYS（質で

---

11) Little (1957), 第 6 章を参照．私は，この矛盾と，どちらにすべきかあれこれ悩む混乱を取り除くために，第二基準——分配判断——を導入した．

調整された余命）と呼ばれる測度が用いられてきた．人生の残りの年数が各人ごとに推定される．この年数がどのようにして質に調整されるか私は知らないが，能力——その人の読み，書き，歩行，車の運転といった機能がよく働くかどうか[12]——の考察が主眼だと推察する．一人は老人でもう一人は若い婦人かもしれない．計算には，子供全員の効用，さらには，その若い婦人が将来得られそうな子孫までも含むべきだろうか．大部分の人は，命を作り出すことには価値がないという見解に従って，多分，子孫を除外して計算することに同意するだろう．しかし，ここでも総和功利主義者は同意しないに違いない．

国と人口政策

上述の議論から，個人はかなり短期的な見方をするが，地球温暖化に関する最近の懸念は全く逆のことを示唆しているように思われる．違いは，地球温暖化はいかなる形であれ，将来生まれてくる人に害を及ぼしうるという点である．だから，政府には，相当長期にわたって，将来世代の厚生のために，現在の行動が引き起こす結果を考えて欲しいという期待が高まっている．ここでは，環境，貯蓄，投資が考慮される．実際，「持続可能性」が，しばしば曖昧だが，頻繁に話題にのぼる．しかし，将来世代の大きさも関係するのは確かなので，政府は現在の出生数を心配しなければならない．

しかしながら，女性には望むだけ多くあるいは少なく子供を産む自由があり，それに干渉すべき何の権利もないと断言できる[13]．これに対す

---

[12] A. K. センは，能力をそのような機能の集合と定義し，それを効用よりもより良いマキシマンドと考える．もっとも，異なる機能がどのようにウェイトづけられるかに関しては明らかではない．Sen (1982) および，それ以降の論文を参照．

[13] 干渉と強制の規定に関する道徳的問題がある．二人目の子供をもうけることを不法とするのは明らかに強制である．しかし，二人目またはそれ以上の子供に対するあからさまな差別税制は如何なものであろう．これは，全ての家父長的温情主義政策が持つ一般的問題である．どこに線を引いたら良いのかという答えはない．それは干渉される自

る反論は，主として，子供は負の外部性を持つだろうというものである．結局，新たな子供はその家族以外の人々の厚生を減少させるだろう．しかし，両親はそんなことは考えない．これは，通常，人間以外の資源が希少かどうか（正の外部性が可能だが）のケースである．

経済学者と人口学者の大多数は，大部分の貧しい国では，現在の世代と将来の世代の厚生にとって，余りにも出生数が多すぎると確信している．一時期，いくつかの発展途上国の政府は，人口増加率が年率3％を越え，一人当たり国民所得が停滞もしくは下降しているときでさえ，西欧の人口抑制論者の主張は「新植民地主義」であると考えた．人口の純然たる大きさは，発展途上国の指導者によって，その国および指導者の重要性の測度と見なされた．このような態度は，ようやく，一般的ではなくなったように見える．人口抑制論者のもう一つの極端な例として，出生数を減らすために厳しい手段を採用した中国がある．現在，殆ど全ての国が，たとえ熱心でないにしても，家族計画を支持している．二，三の国，とりわけシンガポールでは，人口減少の予測に警鐘が鳴らされ，出生を奨励する手段をとっている．

将来世代の厚生は，その規模だけでなく，先行投資の量にも依存するだろう．しかし，本書では，将来のための人口政策と投資を別々に論じる．投資政策は恐らく将来の人口に殆ど影響を与えないだろう（ありそうな重大な例外は将来に対する貯蓄に関する節で考察される）し，投資を規定している原理は，人口とその増加とは無関係だから，これは妥当な対応である．

昔の功利主義者は人口政策に疑いを持っていなかった．総効用の最大化は，新たな人の効用をカウントしなければならず，それゆえ，新たな人の人生が他人から受け取る効用を超える効用を生み出さない限り，新たな人を誕生させるべきではないということを意味した．20世紀後半の人口爆発と共に，この考えは支持されなくなった．総効用の追及は，非常に低い生活水準にある巨大な人口を生み出す原因となったと感じられた．

　　　　　由によって変ってくる．

デレク・パーフィットは，総和功利主義は，我慢できるぎりぎりの水準で生きている何十億という数え切れない人々がいる世界の方が，はるかに高い生活水準を享受している数億人の世界に比べよい場合がありうるという「矛盾した」結論に導くと示唆して，総和功利主義を論駁した[14]．パーフィットが言う生存水準ぎりぎりで生活する人で満ち溢れた世界を想像するのは難しい．生活水準を生存水準以下に落とさずに人々の数を無限に増やすことは，自然資源が十分に残っていることを意味する．その場合，これらの人々が非常に貧しいに違いないという明白な理由がない．しかし，パーフィットは，そのような状態を想像することができ，しかも，彼が論駁するには想像の世界だけで十分だと論じる．現実の世界では，総効用の最大化が個人に非常に低い効用水準を必ずもたらすわけではない．それゆえ，総和功利主義者は，自分たちの主張する教義は，偶然実在する世界であっても，人々が総効用を最大化しながら，全く矛盾しない人生を送れる，そんな世界に適用できると，パーフィットに答えるかもしれない．

比較できる共通の目的は平均効用を最大化させることで，多くの経済学者は，暗黙のうちに，これが目標でなければならないと仮定する．これが低い出生率を容認しているのは明らかである．たとえば，各人が10単位ずつの効用を持つ10人の人口を仮定し，そこへ，9.5単位の効用を持つ人が一人加わり，全員の効用をその水準まで下げるとしよう．そのとき，総効用は増大し，平均効用は下がる．

平均原理に対する反対で圧倒的に多いのは，平均効用は人を殺すことで増大させることができるかもしれないというものである．それゆえ，平均原理は，殺人は認められないという補足的な制限を加えるだけで擁護することができる．平均原理は共通メンバー選好原理と同じではない．なぜなら，平均を上げる出生はカウントされるだろうからである．しかし，出生の価値が他人の平均厚生に依存するというのは（効用理論の分離可能性の要求と矛盾し）逆説的である．共通メンバー選好原理は，出生に対し何の価値も与えないことで，この反論を回避する．しかし，既

---

14) D. Parfit (1984), p. 388.

に見てきたように，共通メンバー選好原理は，平均原理と同様，殺人の禁止を求める．バランス上，共通メンバー選好原理の方が望ましく見えるが，実際には，どちらの原理に従っても結果に違いは殆どなさそうである．

　ジョン・ブルームは，功利主義は，異なる人口集団の価値の評価を間違っていると論じる．功利主義は，単に，個人的特質の様々な時間的分割に付随している効用を加算する．こうして，人生の効用は各時間の効用の合計となる．我々は既に，各年の効用の合計は同じだが，変動の激しい幸運は安定した幸運と同じ価値を持たないだろうという難しさに気づいている．ここでの話に従えば，功利主義は，毎年の効用の合計が等しいなら，一つの長い人生の価値と，二つの短い人生の価値の合計は同じということになる．これはブルームに言わせれば明らかに誤りである[15]．私はその理由が分からない．二つの一定で等しい人口を比較しよう．一つは平均余命100，もう一つは50とする．一方の出生と死は他方の二倍である．他人にとっての生と死の喜びと苦痛とは功利主義的計算で考慮することができる．そして，死亡予想が確率的により大きい平均余命の短い人口においても同様である．相対的に老齢化している人々の集合について，何が明らかにより良いのだろうか．

　この例で，老齢人口と若年人口の間の違いは，新しい命を誕生させるよりも，命を延ばす方を選好することと整合性が取れている．この整合性は，既に注意したように，人口がどうして違ってくるのかを考えずに，異なる人口集団の良し悪しを評価することと，一方の人口集団からもう一方の人口集団への移動が望ましいかどうかを訪ねることとの間の整合性に関する違いから生じる．共通メンバー選好原理は，余命を延ばし，出生を抑制する政策を承認する．

　デレク・パーフィット[16]とジョン・ブルーム[17]は，（矛盾を導かない

---

15) John Broome (1999), p. 221.
16) Parfit (1984) の一つの顕著な貢献は，現在，別の政策との比較である政策を実行すると，二百年の間に人口構造を完全に変えてしまうだろうという主張である．実際，人は，政策のある変更が，問題にな

という意味で）整合性があり，道徳的に受け入れ可能と見なす人口を選ばずに，異なる人口で，かつ，しばしば重複しない人口を評価するために，提案された様々な方法を細大漏らさず調査した．状況はそれほど悩ましいものではない．というのは，政府はこれらの哲学者が用いる高度に抽象的なやり方で物を考えないし，考えられもしないからである．特に，政府は，どちらも現在の人々を含まない二つの異なる人口集団を比較したりしないだろう．政府は，常に，一つの人口集団から別の人口集団への移動によって現在の人々が利益を得たり損失を被ったりする重複する人口集団を比較するだろう．誰でも，少なくとも二つの世代と何らかのつながりを持つ．大部分は三つの世代とつながりを持ち，中には四つの世代，あるいは，五つの世代とさえもつながりを持つ人もいる．つまり，次の世代は，明確に決められない概念である．

確かに，政府は，とりわけ，低開発諸国では，現在と将来の両方の人々のために，また，もしあればの話だが，避妊の奨励に支出しなければならない金のために国民所得の成長促進を目的として，貯蓄と投資を奨励する立場で考えている．しかし，如何に分析が深く，調整が巧みでも，人々が享受している自由の程度は余りにも小さく，政策による結果の不確実性は余りにも大きい．例を挙げるなら，インド政府は，人口増加は余りにも速く，現在の貧困の規模に人々は絶望しており，投資を増やせば将来の貧困を減少させられるだろうと確信している．家族計画の奨励には殆ど費用がかからないが，投資の増大と多くの貧困の救済は，今や，いたちごっこをしているように見える．今日の貧困を救うべきか，将来の貧困を救うべきかというジレンマに対しては，時間的に重複しない

っている人口集団に対して，二百年の間に，害を及ぼすか利益をもたらすかなどは考えていない．人は，一つの人口集団が，共通のメンバーがいない別の人口集団よりも良いか悪いかについて議論している．どちらの人口集団も現在の人口集団と共通のメンバーを持たない．これは，人によっては，与えられた人口集団における厚生の変化が問題である場合に比べ，道徳的な重要性が少ない比較を行うことだろう．これは，パーフィットが名づける「非同質性の問題」の例である．

17) Broome (1992, 1999) 参照.

人口集団を比べることからは何の示唆も得られない．

今日の共同社会とは何か
―― 国民と外国人に関して ――

　国にはその国民を守る義務がある．国は，その領土内に法に従って入ってきた人々を守らなければならないということも一般に受け入れられている．議論すべき問題があるとすれば，それは，当然ながら，国が入国をどの程度まで統制し，制限するかという問題である．

　総和功利主義者は，全ての人間を1と数えることによって，全体として，世界における効用を最大化するよう，しばしば国に求めてきた．恐らく，誰もこれを受け入れないだろうということは既に論じた．なぜなら，誰でも，見知らぬ人より自分に近い人により多くのウェイトを与えたいだろうからである．そのような人も，依然として，国は全国民に等しいウェイトを与えるべきだということを受け入れるだろうが，外国人も等しくカウントすべきであるということを受け入れるようには思われない．

　移住者は現在の国民の厚生を増やしたり減じたりするだろう．もし減らすなら，大部分の人々は，これを，移住者の入国を認めないか，少なくとも制限するための格好の理由とみなすだろう．もしこの態度が容認されないなら，外国人を純粋に道具として扱うことになるが，そうすると，広く認められているカントの定言的命令――人は決して純粋に道具として扱われてはならない――に矛盾する．潜在的な移住者が，本国に強制送還されると，銃殺されたり拷問を受けるといった過酷な苦難にしばしば遭っているとき，恐らく，大部分の人は例外を認めるだろう．外国人の生命や自由に対するある限定された尊重がこうして示される．しかし，移民が，もし認められたなら，より良い生活をするようになるだろうということは，良い理由とはみなされない．

　共同体主義者は，恐らく，外国人の厚生にウェイトを与えないとか，国民よりも小さなウェイトを与えるということは，共同社会の価値が脅威にさらされているときには正当化されると信じている．彼らは，共通の遺産，慣習，信条は，人々に，他国民に対するよりも，同じ国民やそ

の生活スタイルの方をより高く評価する義務を与えると信じているし，政府には，大量の移民によって脅かされるであろうこれらの価値を守る義務があると信じている．このような議論は，国民が同質的であるときに最も説得力がある．共同社会の価値とは，ある共同社会の価値であり，大部分の国は二つ以上の共同社会を，また，いくつかの国は多くの共同社会を国内にかかえている．各共同社会の多くのメンバーは，自分たちを他の共同社会の人々よりもより高く評価するだろうが，大部分の自由主義者は，殆ど定義によって，国は様々な国内の共同社会に対し，等しいウェイトを与えるべきだと主張するだろう．この「国民第一主義的自由」の価値と共同社会の価値は，外国人が殆どいない場合は，人々が不幸な処遇に苦しんでいるとき以外は，ウェイトづけられた功利主義と整合的である．

　このような国民第一主義的な態度は，グローバルな特質を持つ自由主義者を苦しめるに違いない．功利主義者なら，全ての人，全ての機関はグローバルな効用を最大化することを目的とすべきだと論じるだろう．もし彼らが権利に縛られた見解を取るなら，彼らは，誰でも行こうと思うならどこへでも行ける絶対的権利を持つと論じるだろう．この「グローバルな自由主義」は，人によっては非常に魅力的だが，その内容に同意する人は殆どいないだろう．

　移民に対する国の対応は，我々が大部分の人の「国民第一主義的自由」の態度と信じるものに非常に近くなる．移民は，もし彼らが裕福で，税金を払うとか，非常に才能に恵まれ，その消費以上に貢献することが期待されるなら，かなり自由に入ってくる．しかし，どの国でも，現在，大量の貧しい人々の入国をできる限り阻んでいる．要するに，貧しい移民の入国は，多分，国内に悲惨な暮らしを送る人々をつくり出し，その数があまりに多いと，社会に同化せず，しばしば少数民族問題や共同社会特有の問題を生み出すということを心配しているのだろう．

　では，国際援助とは何なのか．これは，貧しい外国人に対する何らかの公的な考慮の例ではないのか．政府は一般に，あたかもそのような考慮があったかのようには論じない．援助は，確信が持てないときには，自分の利益になるという理由に基づいてしばしば擁護される．しかし，

明らかに，援助を求める小さな集団が存在する．しかしながら，それは非常に小さく，与えられた援助は，裕福な国の国民所得のごく僅かな割合に対応しているにすぎない．何らかの災害が発生したときの援助の求めに対する反応は，主に，普段は貧しい国と裕福な視聴者を隔てている大きな社会的距離を一時的に縮めるテレビの報道の結果である．援助は，国家間の再分配的正義の考えに従っているので，発展途上国の代表が，その国の名において，要求していることに注意すべきである．しかし，国は効用を持たない．国同士の間の正義と道徳性に関するより適切な議論は第6章で行われる．

国と将来のための貯蓄

既に見たように，将来世代は，恐らく，彼らが手に入れるものに比べて，あまりにも数が多くなるだろう．しかし，彼らの厚生も，以前の貯蓄と投資，および彼らが受け継ぐ環境の質に依存するだろう．以下では，投資は常に将来のための資産を保全するように行われるとする．

貯蓄と投資，および利子率は，互いに密接に絡んでいる．将来，財を生産することを目的とした投資事業が計画されるとき，売上げの価値は，如何に平凡な費用便益分析でも，利子率によって割り引かれるだろう．これは，人は，現在何かを消費しないことによって，それを将来もっと多く得ることができるからである．人は，貯蓄を現在の利子率で投資し，後に，最初自分が買うことを諦めた財を，諦めた量よりも多く買うことができる．もし将来価値を割り引かなかったなら，合理的と思われる程度まで現在の消費を減らす限界がないだろう．

なぜ人が貯蓄によって将来何かをもっと得ることができるかという基本的な理由は，貯蓄が投資され，投資が生産的であるということである．生産を最大化するためには，割引率が投資の限界生産性になるということが分かる．投資は，そのとき，限界投資の割り引かれた純利益が合計でゼロになるまで行われる．割り引くことは，総計と細目の両者を含んだ貯蓄と投資に関し，合理的な意思決定を下すために欠くことができない[18]．

上述の話は，割引に対する生産性から見た理由である．しかし，それ

でも，厚生の立場からは，なぜ将来の財が現在の財よりも価値が少なければならないのかと尋ねられるだろう．その答えは，もし財が作り出す厚生が少ないなら，財の価値は少ないだろうし，また，もし一人当たり平均消費が増えるなら（消費の限界効用逓減を仮定しているので），財の価値は少ないだろうというものである．消費の限界効用の所得弾力性をかけた一人当たり消費の期待成長率は，消費利子率（CRI）として定義される．投資の限界生産性は，計算利子率（ARI）である[19]．この二つは発散するだろう．その場合，この二つが，増加する投資によって同じになるまで，高い方の比率が選好されなければならない．投資の限界生産性がゼロに落ちるほど大量の投資があり，しかも，同時に，一人当たり消費が上昇すると期待されないときにのみ，利子率ゼロが厚生を最大化するのに最も良いだろう．

　消費の限界効用の弾力性に関しては大きな意見の食い違いが生じ得る．言い換えると，消費水準が上昇するとき，僅かな消費の増加に対する効用はどの程度の速さで減少するのだろうか．幸福に関する最近の調査では，効用は，ある妥当な実質所得水準に到達した後急激に減少することを示している．減少速度が大きいほど，富者から貧者への所得の再分配に賛成する功利主義者の主張は強くなる．平等主義者は，高い価値――換言すれば，高いCRI――を選択する傾向があるだろう．それでも，平等主義者の中には，我々が将来世代を無視していることを心配し，割り

---

18) 経済学者でない人は，しばしば，現行利子率での割引は，林業のようなゆっくりと成熟する投資に対しては選択にバイアスがかかると考える．彼らは，木は，年間，たとえば4％以上では成長しないから，もし利子率が5％なら，商業的には植林はできないと論じる．彼らは木材の価格が上昇するだろうということを忘れている．総量が固定されている資源の開発率に関しては，別にもっと困難かつ興味ある問題がある．しかし，持続性に関するこのような単純な基準に意味がないのは確かである．有限な資源の使用は――如何なる鉱物であろうと――持続可能ではない．しかし，これらの問題は入門書の範囲を超えている．

19) Little and Mirrlees 前掲書，とりわけ，第14章を参照．

引くのは誤りだと信じている人がいる．それは，過去五百年の成長にもかかわらず，自然資源の消費率と大気汚染率が与えられると，将来の人々が我々よりも裕福になりそうだということを，彼らはどういう訳か信じることができない，というだけのことである．平均消費の予想される減少は，貯蓄と投資が協力しなければならないことを意味しているだろう．しかし，将来を最もよく考えたこれらの人々は，多分，はるかな将来を見ており，少なくとも，人類の一部の破滅を恐れている．彼らは，私が思うに，近い将来においては厚生を増加させないが，より遠い将来の破局の危険を減少させるように，投資の抜本的な再調整を望んでいるのだろう．

　将来の財の価値を割り引くことが，将来の人々にとって都合の悪い結果にバイアスをかけないということを我々は理解した．将来の効用はそれによって割り引かれない．先に，大部分の人は，自分に近い人の効用よりも遠い人の効用に低いウェイトを置き，しかも，そうしないことは非道徳的であろうとさえ論じた．しかし，今日，たとえば，二百年後に生まれる人々よりも遠くにいる人は一人もいない．だから，多くの人は，二百年後の人々にかけるウェイトは小さくてもよいと考える．しかし，それにもかかわらず，政府は，今生きている人々の厚生に対するのと同じウェイトを将来の人々の厚生にも与えるべきだ，と信じているだろう．

6

功利主義，正義，平等

　1970年頃，帰結主義一般，特に功利主義に対する攻撃が激しくなった．攻撃の主たる理由は，個人間比較は決して非科学的でも不可能でもない，というものであった．功利主義は個人に対する尊厳を欠いていると非難された．ジョン・ロールズは，「功利主義は人々の間の違いを重視しない」と書いた．これは，彼が，社会的効用を評価する過程を，「公平な同情的観察者の想像力にあふれる行動を通して，全ての人々を一つに合成する[1]」過程と，偏った描写をしているからである．総効用を最大化するためには，他人に移転可能な資源の限界効用を比べなければならない．人々の間の違いはどれも重要である．資源が均等化されなければならないというのは功利主義の理論だけである．これは，人々は殆ど同じであるという仮定を必要とするが，この仮定は功利主義の本質的な部分ではない[2]．しかしながら，功利主義は，同時に，個人の権利を無視しているとして攻撃された．

　A. K. センは，いくつかの論文の中で，個人の命に関して人が何を考えるにしても，効用は貧弱な測度であると論じている．彼はとりわけ，人々は収奪され続けてきただろうということと，人々が満足していること

---

1) John Rawls (1988), p. 19 参照．
2) デレク・パーフィットは，その *Reasons and Persons* の第15章，111-18節で，個人の同質性の本質に関する様々な仮定に照らして，ロールズの主張と功利主義者の議論を深く検証している．

を自ら明言することに関心を持っている.「人々は,平穏無事な生活を真に必要としているというだけで,現実の恐怖に適応することを学ぶので,恐怖は,効用の物差しでは恐ろしさが低く示されるように見える[3].」彼は,「功利主義者によれば,人は幸福と呼ばれる価値あるものが発生する場所以外の何ものでもないと見られている」とも批判する.センは,ここでは,効用を心理学的な意味合いで解釈している.しかし,功利主義者は,表明された満足やにこやかな顔よりも広く効用を解釈することができる.要するに,人は,センが考えていることの重要性と,依然として功利主義者であることの両方を受け入れることができる.

功利主義と平等

しかしながら,功利主義に対する主たる批判は平等を無視していることだった.平等に関する考察には主要な要素が二つある.一つは,差別を認める道徳的理由がない限り,人々は等しい配慮を持って扱われなければならないというものである.もう一つは,人々は,自分の厚生が低いのは自分自身の選択であるとか,誤りであるとか,絶対に自分の利益になるといった場合を除き,等しい厚生を持たなければならないというものである.

厳密な功利主義は,初めの理由でとやかく言われることは殆どない.なぜなら,全員の厚生が等しくカウントされるからである.実際,功利主義は,第5章で見たように,殆ど全ての人の嗜好に対して,過度に平等主義的である.功利主義が二番目の理由で攻撃されなければならないということに,少なくとも私の世代の中には,非常に驚く人が何人かいる.所得の限界効用逓減の教義に従って,功利主義は,富者と貧者の限界効用が等しくなるまで,前者から富を取り上げ,後者に与えなければならないと主張している.両者の限界効用が等しくなった時点で,総効用は最大化されるだろう.これは,当惑してしまうほど平等主義的であるように思われる.さらに,功利主義は,19世紀から20世紀における平等化を狙った大部分の社会改革を推進する主要な知的源泉であった.

---

3) A. K. Sen(1984)参照.

しかしながら，功利主義の持つこの平等化の傾向は，人々が貨幣その他の資源を等しく上手に効用に変換できることに依存する．もし，ある身体障害者が資源を効用に変換するのが非常に下手で，その所得が年間わずか数千ポンドに過ぎないなら，その所得の限界効用は非常に低く，恐らく，億万長者の所得の限界効用に等しいだろう．裕福な人が下手な変換者である可能性もある．もしある人が生まれつき高価な嗜好を持っているなら，同じ水準の効用を獲得するために，他の人々に比べ多くの金を必要とし，その所得の限界効用は，高所得水準においても高いだろう．彼の嗜好は不利な条件の一つだが，大部分の人は彼に対して殆ど同情を感じないだろう．人々は，彼がタバコ，シャンパン，キャビアを消費できることを羨むだろう．そして，哲学者は，しばしば羨望を不公平の測度と考える．

したがって，限界効用を均等にすることが，全ての人の暮らし向きを等しく良くするわけではない．しかし，功利主義を非難する前に，二点弁護しなければならない．第一に，大部分の人が等しく上手な変換者かほぼそれと同じ者で，後に見るように，他の道徳システムも例外を処理できない，ということはあり得る．実際には，例外は，定義によって，一般原理ではカバーされない．第二に，身体障害者に対し，限界効用を均等化する以上のことをすべきかどうかは明らかでない．特に，A. K. センの弱公平公理は受け入れられない．この公理は，「個人 i は，全ての所得水準において，個人 j よりも厚生水準が低いとしよう．このとき，与えられた総所得を，i と j を含む n 人の個人の間で分配するにあたり，最適な解は，i に j よりも高い水準の所得を与えなければならない[4]．」というものである．これは，厚生水準を享受している人全員から低い厚生水準の人に，たとえ後者の厚生に変化がないとしても，所得を移転することを意味する．また，同時に，高価な嗜好を持つ人にもより多くの所得を与えることも意味する．他人の厚生にちょっと加えようとして，ある人の厚生を減少させるのは常に間違っていると言っているのではない．しかしながら，人はこの場合の詳細を知りたいだろう[5]．

---

4) A. K. Sen (1973), pp. 18-20.

ロールズの正義の理論

　功利主義に対する不満は，主に平等を無視しているという理由で，契約または平等に基づく政治原理のシステムを創造する試みに繋がった．そのような試みの中で，最も総合的で重要なものは，その殆どが，ジョン・ロールズによるものであった．彼は1958年から研究を発表しているが，『正義の理論』(1971) だけが広範な注目を集めた．ここでは，その改訂版 (1990) を参照する．この著作は異常な現象を引き起こした．この著作は，専門的でない雑誌で大きな喝采を博したが，その理由は，長年にわたるメタ倫理学の後で，実質的道徳問題を明確に扱ったことに加え，それが非常に平等主義的であるように見えたからである．多くの哲学者も大いなる畏敬の念を持ってこの著作を扱った．ブライアン・バリーは，この著作を支持する全ての見解を論破する前に，この書を，「道徳的かつ政治的な哲学にとって非常に重要な……最も重要な著作[6]」と評した．ロバート・ノズィックも，同様に，なぜロールズの見解と違うのかを説明する前に，「政治的哲学者は，今や，ロールズの理論の中で研究するか，なぜロールズの理論とは違うのかを説明するか，どちらかでなければならない[7]」と書いている．*Reading Rawls* 中の14人の寄稿者全員が，ある重要な点で意見を異にする[8]．その後相次いだ議論によって，私の見るところ，ロールズの理論は崩壊しつつある．それにもかかわらず，人は，ロールズの研究は重要だという点で同意しなければならない．この500ページの著作では，殆ど全ての道徳と政治的問題が深く理解され，十分に議論されている．ノズィックにも同意しなければならず，そ

---

5) 功利主義に対しては，著名な哲学者，とりわけ，バーナード・ウィリアムス，アラスディア・マッキンタイヤー，T. M. スキャンロンが，それが平等性を無視しているという以外の理由で攻撃している．これは，本書の議論では無視されている．

6) Barry (1973),「弁明」参照．

7) Nozick (1974), pp. 183-231.

8) Norman Daniels ed. (1975).

うすることで初めてロールズの理論を要約し，それから，「なぜロールズと違うのか」を説明しなければならない．本書の短い紹介の中では主要な点を挙げるにとどまらざるを得ない．

　ロールズは，何が良いかは，全ての目的論的理論とは逆に，何が正しいかから来ると信じている．彼の理論は契約理論のように思われる．国の憲法，機構，法，手続きを統括すべき正義の原理は契約理論から導き出される．いわゆる契約は，「無知のヴェール」の背後から選択する人々の間で交わされる．彼らは無知そのものである．彼らは，自分がメンバーになるであろう社会の発展状態を知らない．彼らは，自分自身の能力や嗜好を知らない．彼らは合理的で自己利益に関心を持っているが，それは，彼らは，善についての自分自身の概念形成を推し進めたがっているが，その概念が何であるかを知らないことを意味している．彼らは実質的な道徳的信条を知らないので，彼らが選択する正義の原理は合理的な個人の自己利益だけの結果である．彼らは，社会における自分達の位置づけがどうなるだろうかということには考えも及ばない．

　これらの最初の出発点における条件は，もちろん，これらの亡霊のような代表を公平にするように設定されている．すなわち，彼らは，自分たちが何であるかを知らないので，自分自身の利益をさらに発展させることができない．公平な観察者や審判は多くの哲学者の理論において重要な構成要素である．「無知のヴェール」による公平性の考えを美化したのは，ロールズが初めてというわけではない．これは，既に見たように（25ページ），ハーサニが1953年に行っている．しかし，ハーサニはロールズとは非常に違った功利主義的結論を導いた．それはもっと独創的である．ロールズが想定する人々は，全員の意見が一致するように制限されている．これは，意味のある契約が存在しないことを意味している．しかしながら，彼らは社会の基本的構造を決定しなければならない正義の原理の集合には同意する．正義の原理を以下に示す（*A Theory of Justice*, p. 266 参照）．

1. 各人は，全ての人にとっての自由に関する最も広い全体システムと両立する，平等な基本的自由に関する最も広い全体システムに対し，等しい権利を持たなければならない．

2. 社会的・経済的不平等は，
   (a)最小の利益者の最大の利益に対して，適正な貯蓄原理と整合的で，かつ，
   (b)機会の公平な平等性の条件の下で，全ての人に開かれた仕事と地位に付与するように
 調整されなければならない．

　二番目の原理の(a)は格差原理として知られるようになったが，同時に，マクシミン原理としても知られる．すなわち，様々な状態において，起こりうる最悪の結果を比較し，そこから，最良の結果をもたらす状態を選択する．

　この二つの主要な原理に加えて，優先すべき規則が二つある．そのうちで考慮する必要があるのは一つだけである．最初の原理は辞書的優先順位を持つという．これは，二番目の原理の下で利益が増加しないことは自由の最小の損失に対して補償し得ることを意味する．しかし，ロールズは，後に，これを修正する．すなわち，辞書的優先順位は経済開発がある一定のレベルに到達した時にのみ，ひとりでに動き出す．極端に貧しい社会においては，ある程度の自由は経済的利益のために犠牲になるだろう．

　二番目の原理の下での利益と優位性は「基本財」で計測される．「基本財」とは，「全ての合理的な人が望むと想定されるもの」である（ibid., p.54）．それらは，健康や知性のような自然の能力と同様，権利，自由，機会，所得，富（といった社会的財）を含む．

　我々は，これらの原理に対するロールズの心底からの擁護も，攻撃の範囲と強さも公平に扱うことができない．ここでは，最も重要な批判と思われるもののうちの二，三しか扱うことができない．それらを三つのグループ，(a)原初状態，(b)基本財，(c)格差またはマクシミン原理，に分ける[9]．

　9）ここでは，非常に驚くべき辞書的優先順位は考察しない．というのは，実際，ロールズは，これを探求するには余りにも複雑な結果で緩和しているからである（Barry 前掲書第7章を参照）．

最初の，また，最も基本的な批判は，無知のヴェールの背後から選択されるであろう原理が正義の原理であるということを示すことにロールズは成功しなかったというものである．選択されるだろうとロールズが主張しているものが，人が直感的に考える正義に一致するようには思えない．だから，エンタイトルメントや功罪に関し，何も言っていない．この食い違いは，正義が何を意味するかについての見解が異なることによるのだろう．そこで，以下の節では，正義の概念を論じる．また，実際の人々が，ロールズの原理に基づいてつくられた国を認めるだろうとか，従わざるを得ないと感じるだろうとか仮定する理由もない[10]．ロールズは，如何なる契約理論の基本的な弱点も克服していない．

ロールズは，「基本財」を最小の優位性および利益の測度として受け入れる．これらの財は大部分手段であり，要するに，それ自体を望むというものではない．それらは，ある目的に対し，それらが持つ価値以外は共通の測度で測れない．しかし，ロールズは，これらをこのようには評価できない．というのは，その価値が功利主義的だからである．ロールズは，最も不利なグループの代表的なメンバーの立場で考えているようだ．誰か，または，あるグループが多かれ少なかれ，別の人や別のグループよりも不利であるとどのようにして判断されるべきかが，曖昧なままに残っている．皮肉なことに，ロールズが，必要や欠乏に対して基本財を乗り越えて先に進む気のないことは，最も不利な人々，すなわち，身体障害者の必要や欠乏に対して何の関心も払っていないことを意味する．功利主義はこの欠点の故に糾弾されてきたことを我々は知っている．ロールズ主義となると，同様に悪いかもっと悪い[11]．ロールズを論じている大部分の経済学者は，基本財はまさに富であると仮定する傾向があり，この仮定により失われるものは何もないように思える．

最後に，格差あるいはマクシミン原理に目を向けよう．この原理は最

---

10) Little (1980) 参照．
11) バリーはこの理由でロールズを強く批判した．前掲書第5，6章参照．彼は，同時に，ロールズの原理の国際的な意味合いも強く批判した（前掲書第12章）．Little（前掲書）も参照．

大の批判を巻き起こした．無知のヴェールの背後から全ての可能な社会をぼんやりと観察しながら，最も不利なグループが，残りのグループの状況などお構いなしに，最もうまくやっていく社会を誰もが選ぶだろうと仮定されている．ロールズは，誰でもこのグループのメンバーになりうるというこの選択で十分だと考えた．（無作為の手続きでメンバーになる確率を決定する）そのグループの相対的な規模，あるいは，その相対的貧しさについては，何も知られていない．

　例を挙げることでマクシミンの馬鹿馬鹿しさが明らかになる．最も不利なグループが人口の1％である二つの社会を想定し，比較しよう．社会Aにおいて，最も不利なグループの一人当たり所得は100，その他の人の平均所得は400である．社会Bでは，最も不利なグループの所得が99，残りの人の平均所得は500である．ロールズが想定する人間は，最初の出発点で，Aを選択する．Bと比較すると，彼が1を得るのは1％のチャンスで，彼が100を失うのは99％のチャンスである．最も信じ難い危険回避的人間だけがこの選択を行うだろう．

　ロールズは，そのような例の適切さを受け入れないだろう．彼は，この例を，無知のヴェールに隠れている人は自分が最も不利なグループのメンバーになる確率に関する知識を持たず（それゆえ，各国におけるこのグループの相対的規模に関する知識を持たず），実際，危険に対する自分自身の態度に関する知識を持たない，と規定する．彼は，それによって，合理的選択のための基礎の殆ど全てを取り払ってしまう．どちらかの社会を選択しなくてはならないが，社会に関して知られていることは，最も不利なグループの一人当たり富だけである．しかし，最も暮らし向きの良いグループを持つ社会を選択するに当たって（同時に，多分非常に小さいだろうが，最良のグループと二番目に良いグループの間の差を知らなければならないが），非常に大きな利益を得る高い確率があるのに，そのチャンスをとらない可能性を知らなければならない．原初状態において，自分の危険に対する態度を知らないということを人に要求するのは意味がない．つまり，自分の選択そのものによって，人は無限に危険回避的であるということを自分で宣言している．

　不確実性の下での選択に関する功利主義的分析は容易である．もし選

択者が危険中立的なら,彼は期待効用を最大化するだろう.危険回避あるいは危険愛好の程度を組み込むことはできるが,マクシミンが求める無限の危険回避ではない.ロールズは,彼の原理の辞書的優先権によって示されるように,トレード・オフを避けている.マクシミンは報酬と危険を取引することも避けると言っている.

正義の意味

　正義の概念は,伝統的に,(恐らく,良い道徳的理由を除き)人にそのなすべきことを教え,その権利を侵さないというように,権利と義務に関係してきた.これは,一般的に,手続き的正義として知られている.これは,ロールズの「社会的」正義の概念とは非常に異なっている.ロールズの「社会的」正義は次のように定義される.「社会的正義の概念は,第一に,社会の基礎的構造の分配的側面を評価する基準を用意するものとみなされるべきである[12].」社会的正義は,ロールズの初期の論文,"Justice as Fairness"[13] の表題が示しているように,公正と思われてもいる.これは,彼の正義の原理が,彼が要求するように,誰の利益も他人の利益の犠牲の下には認められないことを保証するようにつくられた原初状態において,公平な同意もしくは交渉の結果だからである[14].事実,人々は,個々の資質が全て剥ぎ取られているので,実際,一人の人間であるかのように,同質的なものと考えることができるだろう.この場合,「同意」と「交渉」は無用である.しかし,公平性は公正の重要な条件として残る.

　社会的正義は,強力な干渉論者としての国を後押しし,再分配を国の役割であると強調するのに好んでよく使われる表現である.この比較的新しい伝統の中で,物書きは出来事の結果や状態を正しいとか正しくないと書き記す.このとき,手順と結果の間で対立が生じ,結果を評価せずに手続きが正しいかどうかは,誰も知り得ないと論じられた.たとえ

---

12) *A Theory of Justice*（改訂版）, p. 8.
13) *The Philosophical Review*, Vol. 57 (1958).
14) *A Theory of Justice*（改訂版）, p. 11.

ば，自分の落ち度は何もないのに非常に貧しい人は社会的に不公平であり，その人が必要とするものを供給するのに政府が干渉することは，それゆえ，社会的正義であると主張される．しかし，この人を助けるために他人に課税することは，その人たちの所有権を侵すことになり，これは不公平である．所有権は，生じうる如何なる社会秩序においても不可欠な要素なので，政府は社会的に公平であろうとして社会的には不公平でなければならないということで議論を打ち切りにする．

　よく似た矛盾は積極的な差別で発生する．ある階層の人々にとって（大学入学，学位取得，就職などの際に求められる）ある基準を満たす成果を達成するのがかなり難しいということは，社会的に不公平であると言われる．積極的な差別は，このクラスの人々に対しては基準を引き下げる．しかし，これは，より高い基準を達成した人から見れば，自分よりレベルの低い人が選ばれるのは明らかに不公平（不正義）である．このような矛盾は，「正義」を，以前には適切とはみなされなかった状況にまで拡大して適用することからのみ発生する．ここで論じているのは，実態についてではなく，言葉もしくは概念に関してだけである．既に，誰かの所有物を，それを必要としている人を助けるために取り上げることが道徳的に肯定される場合があると論じた．しかし，それは正義の問題ではない．むしろ，厚生を正義より優先させている場合である．人は，正義を主張せずに，ある積極的な差別を承認することもあるだろう．しかしながら，特定の公共政策を推進したがる人は，社会的正義の概念が持つ分かり易さのために，その説得力を利用することを諦めようとはしないだろう[15]．

　正義とそこから派生することに関しもっと論じる必要がある．代替的な正義と分配的な正義，また，手続き的な正義と実質的な正義は区別される．アンソニィ・ド・ジャセイは，彼がキケロの言葉とみなす suum

---

[15] もちろん，私は，「社会的正義」の旗の下でものを書く人々が価値のあることを何も言っていないと主張しているのではない．たとえば，デイヴィッド・ミラーの *Principles of Social Justice* は，必需品，功罪，平等に関する貴重な議論を含んでいる．

cuique（各人にとって自分自身の）と，「……に応じて各人に」（この「各人の必要なものに応じて各人に，各人の能力に応じて各人から」という規範は，ルイ・ブランが1839年に創案したとみている）を，正義に関わる状況の二つのタイプをかなり上手く言い当てているとして，好んで引用する[16]．「各人にとって自分自身の」は，何がその人自身であるかに依存する．所有権には，他人の自由や権利を制限するからとか，そのような自由を誰が守るべきかという社会的合意を破るから認められないのだと申し渡されない限り，何でも行う自由が含まれている．契約を破ることは，それが契約相手の権利を満たさないことになるから，受け入れられないのである．そこには，もちろん，物も知的所有物も含まれている．そして，人は同じ条件でその所有物を用いる自由を持つ．所有権その他の権利は既に議論された（本書51-63ページ）．この領域の正義は，契約および特定の社会的合意の強制と一体化した自由を保護することからなっている．

ジャセイの扱い方の重要な特徴は，自由の重要性を，正義の礎石として，ある倫理的な直感にではなく，認識論に，すなわち，実証可能性と誤りの立証可能性の間での区別に結びつけていることである．何かを行う自由は簡単には検証することができない．なぜなら，人が実行できる物事のリストには際限がないからである．しかし，自由の要求は，他人に対して害を引き起こすとか権利を侵害するといった，いくつかの限定された方法でその誤りを証明することができる．それゆえ，自由に対する仮定がなければならない[17]．これは，刑法上の正義の本質的原理としての無知の仮定に非常によく似ている．

分配的正義

---

[16] 以下では，私は，*The New Palgrave Dictionary of Economics and the Law*, Macmillan, London, 1998 中のジャセイの洞察力のある論文「正義」に多く拠っている．

[17] 反対の見解に関しては，J. Raz *The Morality of Freedom*, pp. 8-14 を参照．

ジャセイが言うように,「巨大な量に上る世界の財は,有形無形を問わず,自由が守られ,互いに合意した法的義務が履行されるとき,また,そうなるに従い,当然のこととして,生産され,分配される[18].」では,残された問題は何か. また,法的義務ではない義務も論じられていない.それは,両親,教師,雇用者,判事,官僚,公務員,それにもちろん政府も含む,力を持つ者が,何らかの権力を行使する動物も含めた対象に対して,適切な方法で行動する義務からなる. これらは,(時には,暗黙の契約が求められているが) 契約が存在せず,それゆえ,力を持つ当事者が,対応する法的義務を生み出す権利を作り出してこなかった場合である. これらの義務の履行は,利益または負担,もしくはその両方に対して何らかの分配を含んでいる. このとき,分配する者と分配される者が存在する. 分配や再分配は,ある行動または政策の主たる目的となるだろう. しかし,ある必要性に対する調整や採決が偶然というケースが非常に多い. かくして,分配の効果は,しばしば,力を持つ者が,その力を行使する時に必然的に伴うものとなる.

　それゆえ,分配する者と,利益だけでなく負担も含めて分配される者が存在することになる. では,分け前を均等にする仮定はあるのだろうか. この疑問は,多くの正当な権利を持つ要求者に与えられるべき分割可能な利益と負担が十分あるときにのみ発生する. 母親が,子供のパーティでケーキを切る場合には意味がある. しかし,全ての犯罪者に同じ刑を言い渡すとか,生徒全員に同じ点数をつけるといったことを人は望まない. こうして,「……に応じて各人に(あるいは,各人から)」という考えが優勢になる. ここで,……は,功罪,必需品,罪,ある種の能力といった何らかの基準を表す.「多くの問題を同じように扱い,違うようには扱うな」という表現には殆ど何の意味もない. なぜなら,多くの問題において,ある面では似ているが,同時に,別の面では異なるというのが殆ど常だからである. しかし,問題を区別するのに適切な道徳的基準が何も見つけられないときには,平等の仮定が存在する. だが,これは明らかに道徳的に適切な決定基準のない価値判断に依存している.

---

18)　前掲書 p. 19 参照.

「に応じて各人に」の特別なケースは，「その貢献に応じて各人に」である．二人以上が参加する経済的生産の場合，貢献の測度は各参加者の限界生産物である．完全競争なら，労働者は，彼らの限界生産物を受け取るだろう．これは，J. B. クラークが公平と評した規範的解釈であった[19]．それ以来，約四分の三世紀の間，賃金と限界生産物を含む方程式を組み込んだモデルを構築する理論家は，特定の場で，資本主義の従僕であるという非難から逃れることができなくなった．既に第3章で，完全競争経済は如何なる道徳的意味においても最適からはかなり離れており，それゆえ，賃金と限界生産物を定式化することは，その作成者が，その方程式の道徳的な正しさを表明している訳ではないということを理解した[20]．

分配問題も，分割できない財が（ある合意された資格検定をパスした）正当な要求者よりも少ないときに生じる．全員に行き渡るほど十分にはない．このようなケースは，たとえば，大学で職を得たり，入学するときに生じるように，どこにでもある状況である．規則，前例，社会通念，慣習が合法的な見込みを生む．功罪と価値が大きな役割を演じる．しかし，それは一般化できないように見え，多くの場合，何が公平かということに関して意見が一致しないだろう．

移植用の腎臓は，分割不能な財をどのように分配するかという問題の好例である．次に示すディレンマは，効用の追及と公平の間の違いを非常に明確に示している．深刻な腎不全に苦しむ患者が二人いるが，移植できる腎臓が一つしかないとしよう．一人の患者は若いか，もしくは健康である．彼に腎臓を移植すれば，その寿命が50年延びるだろう．もう一人の患者はもっと歳を取っており，腎臓移植で寿命が10年だけ延びるだろう．カリスの基準（第5章参照）に従えば何の疑問もなく，若い人が腎臓移植を受ける．しかし，これは公平だろうか．腎臓が若い人に与えられるとしても，より大きな期待効用が得られるという判断が道徳的

---

[19] J. B. Clark (1885).

[20] この点に関しては，Schumpeter (1954), pp. 869-70 に余すところなく論じられているので，参照のこと．

に決定的でないなら，平等に取り扱うという仮定がある．唯一可能な平等は，二人の患者に，移植を受ける等しいチャンスを与えることである．だから，コインを投げて決める．コインを投げて決めるのは，しばしば最も公平な決定方法である．しかし，時には，正義と公平を重ね合わせることが道徳的に正しいだろうと既に論じた[21]．若い人を選ぶかコインを投げるか，読者はどちらを選ぶだろうか．

　国は分配判断を避けることができない．非常に小さな国でさえ，法と秩序の維持と国防のために増税しなければならず，公的な職務に人を指名しなければならない．事実，国が行うことは殆ど何でも分配結果に影響を与えるだろうし，福祉国家においては，利益の分配が主要な問題になる．国はあらゆるものの分配に責任を持つとロールズは暗に仮定しているが，これは誤りである．この不自然な概念の背後にある理由は，国民生産は全て協力的活動の結果であり，それゆえ，集団の所有に帰するといったものであるように思われる．給料は国から支払われ，その額は，本書で議論したロールズ流の正義の原理で決定されるべきである．

国際間の分配的正義

　第5章で，いくつかの発展途上国が国際間の分配的正義という名目で援助を要求してきたことを見た．正義と他の道徳的概念は一つの社会の中でのみ意味があるというのが本書の主張である．そして，さらに，一国内での分配的正義は，その国，もしくはその下部機構が分配によって何らかの利益や損失を生じさせるときにのみ関心事となると論じた．したがって，貧者を援助するためだけの目的で富者から資源を取り上げるのは，道徳的には望ましく，よい社会の特徴ではあるが，公平ではないと論じた．

　では，国際的な分配的正義とは何を意味するのか．複数の国からなる

---

21)　普通の用い方で，「正しい」という言葉が分配の結果に殆ど適用されないのは興味深い．通常，「公平」という言葉が，少なくとも英語では用いられる．私は，いくつかの言語では，「正しい」と「公平」が同義であると信じている．

社会が存在し，国際間の正義に対し多くの要求が行われ，かつ，認識されることはある程度まで明らかである．そのような国際的な正義の大部分は，主権，正しいと主張される戦争を指揮する権利，条約の解釈と見解などに関係する．これは，一般に，交換的正義と呼ばれるものである．しかしながら，分配問題は，川のように，二つ以上の国で共有される資源を利用することで費用と便益が発生する時に起こる．合意に達したとき，(合意への参加が戦争の脅威によって強制されない限り) 全ての共通の利用者に利益があると推測されるが，いくつかの国は，他の国よりも多くの利益を得るだろう．通常，正義の名においてそのような合意を取り仕切る超国家的政府は，その萌芽がヨーロッパにできつつあるとは言え，存在しない．資本移動を含む交易は，国際的活動の最も一般的な例である．しかし，交易からの利益は，世界の如何なる配分者に対しても利益を生まない．そこでは，交易は，世界貿易機関のような組織の下で，条約によって統制されている．ここに含まれているのは，交換的な正義であり，分配的な正義ではない．多くの人は，一国内では，人々の平等を適切に保つことが道徳的に不可欠だと論じるだろう．しかし，国際間の適切な平等は馬鹿げた目標だろう．中国とチリはどうやったら平等になるというのか[22]．これは，裕福な人々と豊かな国の政府は貧しい国の貧しい人々を助けようとすべきではないと言っているのではない．

ドゥオーキンと資源の平等化

ロールズと同様，ロナルド・ドゥオーキンは，よい政府を定義し，平等の考えを中心とする，首尾一貫し，説得力のある一連の原理を構築しようとした．実際，彼は，ロールズよりも詳しく平等を考察しているが，ロールズ同様，個人の道徳性ではなく，公共の政治的原理にのみ関心を払っている．

何の平等か．ドゥオーキンは，その初期の著作において，尊敬および関心に対する平等が基礎的な原理であると述べた．これからの引用は，彼の最新の著作に依るが，そこでは賢明にも尊敬が落とされている[23]．

---

[22] この問題をもっと拡張した議論については，Little (1980) を参照．

人や政府は，どうやって全ての人を平等に尊敬できるのか．ドゥオーキンは，平等な関心に関する抽象的な概念から，どのような操作性に優れた原理や政策を引き出すのか．

彼は，功利主義に同意しないこと，より一般的には，政府が推進しなければならないのは厚生の平等であるという考えに同意しないことから議論を始める．彼は，正しくも，効用は様々に解釈されるという．我々は，政治的および他の非人格的選好を含む解釈に誤りがあるという点に同意する．我々は，個人の効用を，経済財の様々な束に関して，完全な情報を持ち，自己利益を追求する合理的な人々によって行われる選択の順序と解釈し，これを，経済的厚生の測度とみなす（第1章，第2章を参照）．

既に，個人間の効用の比較を議論したが，これに関しては，何らかの形で定義された不平等が所得や資産のある再分配を擁護する適切な理由であるか否かを考察するときに，もっと明確な焦点を当てる必要がある．個人の効用の変化を考察するときに，効用を主観的豊かな生と解釈するのは道理に適っている．こうして，ある人の実質所得の上昇は，他の事情が変わらないときは，その人の豊かな生を増進させると説得力を持って仮定することができる．しかし，Aの経済的豊かな生，あるいは，幸福が，Bのそれよりも大きいときにはいつでも，AからBに所得や富を移転させるべきであると論じるのは賢明だろうか．これは，功利主義に従えば，移転によって生じる差がAよりもBの方が大きいときにのみ妥当だろう．このほうがもっと道理に適っているが，多くの人にとってはショックだろうと思われる．功利主義の行動は，不平等が如何にして発生するのかということについては何も言わないので，この点で確かに非難されうる．後で，規則や間接的な功利主義が同じように非難されるかどうかを考察する．

ドゥオーキンによれば，人が自分で熟考の末に行った選択から生じた

---

23) R. Dworkin, *Sovereign Virtue, the Theory and Practice of Equality* (2000). 本書が主に関係している第1章と第2章の最初の版は，*Philosophy and Public Affair*s, 10, 1981 所収である．

不平等は，補償されたり，税金で持っていかれたりしてはならない．物的資源の相続や所得獲得能力を高める遺伝子，あるいは，全く「人知によらない」幸運の結果としての不平等は，可能な限り，排除すべきである[24]．これは広く受け入れられうる原理である．ドゥオーキンは，この原理を厚生の平等性よりも満たすように，資源の平等性を定義しようとしている．

厚生を平等化するのに何が間違っているのか．最初に障害を持っている人を考えよう．ドゥオーキンは，彼らの厚生を，たとえば，平均水準まで引き上げようという殆ど実現可能性のない努力は，過剰な資源が彼らに移転される結果に終わるだろうということを心配する．彼はまた，そのような努力の不可能性は実際には不適切な移転に繋がるだろうということも心配する．

障害者は，資源を厚生に変える能力に乏しい人だが，同時に，高価な嗜好を持つ人もそうである．しかし，ドゥオーキンは，高価な嗜好を持つ人が補償されるべきだとは考えない．なぜなら，彼は，人は自分の選好に責任を持たねばならないとしているからである．しかしながら，例外は，遺憾に思いながらも克服できない渇望を持っている人であろう．麻薬中毒や大人の子供に対する異常性欲は渇望によって引き起こされるので，厚生の損失は補償されるべきだという考えを好まない人がいるだろう．しかし，人道主義的な考えは，しばしば，この嫌悪感を否定するだろう．

センが注意を喚起しているように，得たものがごく僅かでも満足し，幸福とさえ感じてしまう極めて転換の速い人がいる．そのような人は，その貧しい境遇を選んだわけではないが，それに満足するようになった．たとえば，その人生と役割が非常に制限されている貧しい農家の女性がよい例である．これは，逆説的だが，障害者の問題とよく似た問題を提示する．そのような人をもっと幸福に，また，もっと有能にしようとする試みは，彼女の低い限界効用によって挫折するだろう．その低い限界

---

[24] 保険や賭け事からの利益と損失は偶然の幸運である．保険がおりない事故で苦しんでいるのは，「非」運である．

効用は,彼女が属する社会の文化,おそらくは彼女の夫のせいである.これは,「従順な主婦」のケースと呼ばれてきた[25].

目的としては,資源を平等にするよりも厚生を平等にする方がよいというドゥオーキンの主張を考察する前に,厚生を平等にする目的の強さを手短かに検討しよう.まず,功利主義は,障害者の問題を,恐らくは上手にではなく,実際にそれが発生するのと同じように,操作できると私には思われる.限界効用を比較することの難しさは,大きすぎると言って過少にしか与えず,また,少なすぎるとして過剰に与えすぎる難しさのように見える.高価な嗜好の問題は,行為功利主義にとってはもっと難しく見えるだろうが,よくあるように,間接的な解釈を用いれば何とかすることができる.たとえば,タバコを吸うとか麻薬をやるといった個人の嗜好は,その人自身にも責任があるとみなすのには理由がある.嗜好は,通常困難を伴うが変えることができる.高価な嗜好は(喫煙も確かにそのようなものであるが),厚生全体の水準を下げるので,間接的な功利主義は,高価な嗜好を減らすよう要求する.タバコに対する高い税金のゆえに喫煙者が補償されてはならない.功利主義で物事を判断すると,同時に,怠惰な厚生中毒とも簡単に共存してしまう.

資源の平等化に話を移そう.理論上,移転可能な資源は問題ない.各人に等しい購買力を与え,人間以外の全ての資源を手に入れられるようにして取引をさせよう.パレート最適が達成される.問題は——優れた能力や無能力といった——移転できない人的資源である.ドゥオーキンは,この問題は(仮想的な)保険市場で克服できると論じる.各人は,その購買力のいくらかを自分が障害者になった場合の保険を買うことに用いることができる.(無能力者になる発生確率は分かると仮定できる.)能力の不平等はもっと難しい.ドゥオーキンは,人々は,(薄い)無知のヴェールの背後で自分自身の能力を知っているが,現実の市場において,その能力のもたらす結果がどのような価値を実現するかは知らない,と仮定する.保険市場では,人々に,その所得が自分の要求するあるレベルを下回ることに対する保険が提供される.掛金は実際の所得

---

[25] J. Roemer (1996), 第7章.

から支払われ，当事者全員が有利になるように，所得の累進比率として査定されるだろう．この掛金は，税金と同じで，常に，あらかじめ選択した所得の保障水準を下回った人々を助ける．この非常に想像力に富んだ社会科学的アイデアは，概念的には，人々が無知のヴェールの背後で行う合理的選択に基づいていることによって，累進課税と厚生の利益を正当化するよう目論まれている．(しかし，このヴェールはロールズのヴェールよりずっと薄い．すなわち，ドゥオーキンの想定するヴェールをかぶった人は，ロールズが想定するヴェールをかぶった人よりも多くのことを知っている．)ドゥオーキンの話は，機会の平等性を保証しているように聞こえる．しかし，彼は，「競馬のスタートゲート」理論と彼が呼ぶものに絶対同意しない．レースが始まると不平等が拡大する．人々は，貯蓄，勤労，人により異なる才能を用いて利益を保持することが容認されなければならない．結果は「願望に敏感」でなければならず，「基本財産に敏感」であってはならない．しかし物的資源の不平等が拡大するのは認められない．二つの原理を共に完全に正当化することは不可能で，それゆえ，妥協が求められる．ドゥオーキンは，妥協として所得税に関するあまり独創的でない提案を行っている．しかし，彼の仮想的な保険市場は，所得税の累進性がどの程度であるべきかを明らかにしていない．彼が高い相続税を支持しているのは納得できる．

　ドゥオーキンは，自分が探求している問題に対し，満足すべき解答を用意していない．普通の人が，たとえば，ポリオに対する保険に支払う金額は，ポリオに罹った人が障害に対して受け取る保障を測るよい測度であるかどうかは明らかでない．(同時に，障害の程度はさまざまで，これを，保険契約に明記することは難しいだろう．)低所得に対する保険は，そこに含まれている重大なモラル・ハザードを全く抜きにしても，さらにいっそう曖昧である．ローマーは説得力のある議論をしている[26]．AとBを比較して，もしAが全ての面で優れた能力を持っており，その結果，Bの能力が如何に発揮されようとも，AがBよりも高い所得を期待されるなら，保険はそのような能力の違いによって生じる結果を平等化

---

26) J. E. Roemer (1996).

すると仮定する理由がないように思われる．もっと一般的に言えば，異なる才能の利益と不利益を完全に比較できる場合をどうやって判断するのだろう．その答えは，厚生のある概念でしかあり得ない諸資源が別のある次元において等しいときでなければならない[27]．

「何の平等か」という質問に答えようとすることは，明らかに，人を深い水底に引きずり込んでしまう．ドゥオーキンらの目的は，人々を自分自身の責任ではない状況の場合にのみ平等化することであった．しかし，責任はそれ自体非常に議論の余地がある．ドゥオーキンは，人々は（彼らに責任のない渇望のケースを除き）自分の選好に責任があるとみなされなければならないと考える．これは反論されうる．たとえば，'従順な主婦'は補償されない．ドゥオーキンの責任に対する考えは改善が試みられてきた．活発な議論に重要な貢献をした最近の人物の中には，R. アーネソン，G. A. コーエン，T. スキャンロンがいる．この問題は，ローマーの『分配的正義の理論』で詳しく論じられ，そこには（1996年までの）完璧な参考文献リストが付いている．責任に関する道徳的に説得力のある説明の探求は，あらゆる状況を扱っているので，おそらく言う必要もないが，同意には至っていない．

平等の測定

次に，社会が平等化するために追求すべき目標としての個人の厚生を扱うに当たって，そこに含まれる全ての道徳的問題を捨てると仮定しよう．我々は困難を乗り越えられない．なぜなら，複数の厚生の中のあるベクトルが別のベクトルに比べより平等である場合を政府は明確に知る必要があるからである．我々は，厚生の平等に関する測度を必要とする．三人以上の人間を考えるや否や，（ドゥオーキンが無視した）問題が生じる．

表6.1において，最も平等な分配を示しているのはどの列だろうか．それは明らかではない．もし厚生の平等が社会のゴールなら，より平等な分配の方が，それより平等性の低い分配よりも社会にとってよいと想

---

[27] 前掲書 p. 25.

定されなければならない.その場合,社会的厚生の合計を出すために,表の個人の厚生(あるいは所得)を足し合せなければならない.平等は,そのとき,手段であり,独自の価値を持たないだろう.これは,所得の平等性に関するアトキンソンの有名な測度[28]を支持する理論である.彼の平等の指数は,「もし所得が平等に分配されたなら,現在と同じ水準の社会的厚生を達成するのに必要とされるであろう現在の総所得の割合」である.その割合が小さければ小さいほど,分配の平等性は低くなる.この指数の計算は,人の所得を,その社会的厚生に対する貢献に関係づける SWE(社会的厚生関数)を必要とする.関数が凹であればあるほど(すなわち,所得の上昇につれ,社会的厚生に対する限界貢献が急激に落ちれば落ちるほど),不平等の指数(すなわち,1から平等の指数を引いた値で,平等の指数は0から1の範囲を動く.)はより大きくなる.

アトキンソン指数は,(総所得が不変なら)より大きな所得の平等はより大きな総効用を必ずもたらすので,理論経済学者に好まれる.それは基本的に功利主義に見える.もっとも,所得を社会的厚生に関連づける関数は平等性それ自体に

表6.1

	人		
	90	80	10
厚生	100	60	20
	115	40	25

対する関係と一体化しうるだろう.しかしながら,それは実際には多く用いられない.なぜなら,求められる厚生関数は価値判断を組み込んでいるので,国際間や長期における所得分配の平等性を「客観的に」比較しようとしている実証的経済学者は採用したがらないからである.

アトキンソン測度が社会的厚生に平等性を結びつける限り,平等の測度が手段,もしくは,主たる手段,ではないと主張する平等主義者はこの測度を好まない.平等はそれ自体価値があり,社会的厚生に対して直接の関係を持つ必要がない[29].そのような平等主義者にとって,また,

---

28) A. B. Atkinson (1970).
29) 平等主義に対するこの見解や他の多くの見解が,Larry S. Temkin の *Inequality* (1993) において非常に明快な筆致で徹底的に探求されて

誰であろうと，一連の数字に対し，範囲や分散といった，純粋に統計学的な測度の中から，不平等の測度としてどれを選択すべきかは簡単ではない．人は，その数字が何を意味しているかに応じて選択をするだろうと仮定され，不平等の特徴のどれかが様々な測度によって最大のウェイトを与えられる．直感的に得られる不平等の特徴が最も望ましくない．これらの複雑さに大いに興味を持った人はテムキン[30]やセン[31]を参照されたい．ここでは，最も用いられているジニ係数だけを取り上げる[32]．所与の人口と国民所得に対して，係数の分母が決まる．その結果，不平等は，単に所得の差を全て合計した分子によって計測される．分配の悪さは，任意の二人の所得の差の合計であるということが直感的に分かる．これは社会における妬みの総計を測っていると考える人がいるかもしれないが，どんな大きな共同体においても，一人の人間が自分を他の全ての人と比べられないので，このようなことはありそうもない．

　ここで，所得は，個人の厚生，または，個人の生活水準の厳密な概念，もしくは，実際，資源の利用や支出に関しては貧弱な測度だろうということに気づかなければならない．人によっては，殆どあるいは全く所得を生み出さない資産に非常に恵まれているだろう．彼は資本や資本収益で生活しているだろう．こうして，富は，原則として，厚生か資源のどちらかの点で，ある人が別の人よりも暮らし向きがよいとき，その程度を測るより良い測度になる．しかしながら，人間的な富が含まれていなければならない．それは，理論上，（年金を含む）将来の潜在的所得の現

いる．
30)　前掲書，第5章．
31)　A. K. Sen（1972）．
32)　実際の式は次のとおりである．

$$\frac{1}{2}\sum_{i=1}^{i=n}\sum_{j=1}^{j=n}\frac{|y_i-y_j|}{m^2 n}$$

　　ここで，y_iとy_jはそれぞれi番目とj番目の人の所得，nは人数，mは中位所得である．

在割引価値として計測できるが，この計算は確かにそんなに客観的ではない．以上の話は全て経済学者，投資家，徴税検査官にはよく知られているが，哲学者は，しばしば，この問題に気づいていないようだ．本書全体を通して，所得か富のどちらかが物質的厚生の指数として言及される．大部分の人にとって馴染みの深い概念だということで，しばしば「所得」と書くが，それは，理論上，すべて富を意味する．

　最後に，平等主義者の中には，誰も暮らし向きがより良く（あるいは，より悪く）ならないなら，その状況が別の状況よりも良い（あるいは悪い）状況ではありえないというパレート原理を受け入れない者がいるということに注意を喚起しよう．特に，何人かの人は，たとえ貧者に何の利益がなくても，富者がその豊かさを削減させられるなら社会的改善だと信じるだろう．ここで，人は，所得，（富），あるいは，厚生に言及しているかどうかを明らかにしなければならない．もし富者の支出が（その所得や富を減じることなく）より貧しい人の厚生を直接引き下げるなら，生活水準の低下は，誰かの生活をより良くし，パレート原理と何の矛盾もない．社会的厚生関数はそのような外部効果を容認できる．すなわち，外部効果も，人がフェラーリを見て楽しんだり，立派な家を訪問することで何らかの消費者余剰を得るときと同じように，偶然正ということもあるだろう．しかしながら，極端な平等主義者は，誰の厚生が増加しなくても，富者がその豊かさを減らすなら，社会はより良くなるだろうと信じているだろう．別の平等主義者は，もし社会が，人々や全ての資源が2倍になるといったように，単純に何倍かされると，不平等が拡大すると信じている．そのとき，不平等も2倍にならないのだろうか．確かに数は重要だとテムキンは言う[33]．もしそれが効用とみなされるなら，それは不平等とみなされなければならない．何倍かされた社会は，効用も不平等もより多くなる．このとき我々はどう考えたらよいのだろうか．数は効用とも不平等とも数えるべきではないというのが私の見解である．

　最後に，比較は，世代間，もしくは，国際間で行われるだろう．異な

---

33)　前掲書，第7章.

る人口で構成された集団をこのように比較するとき，不平等の測度はその合理性を殆どを失う．アトキンソンの測度は，ある時点における一つの社会内での仮説的な再配分に依存する．同時に，たとえば，イギリスにおける現在とビクトリア時代，あるいは，イギリスと日本の不平等の比較は，ある人が，自分の責任や妬みからではないのに，他の人より暮らし向きが悪いのは悪いことである，という単純な考えに訴える理由を与えない．しかしながら，規範的な関心からでなくても，どのような不平等も社会の他の特徴を説明するのに役に立つということはありうる．もしそうなら，人は最も説明力のある測度を選ぶだけだろう．

要約

本章は，功利主義と平等を考察することからスタートした．続いて，社会の基本構造を規定する原理としての平等の考えに転じ，ロールズの正義の理論を検証した．彼の原理は受け入れられないというのが本書の結論だった．ロールズのマクシミン原理は平等に関しては殆どなすところがないと言える．なぜなら，社会における最も不利な人々によって消費される（資源と潜在能力の交じり合った）基本財だけが問題だからである．そのような見解を持つ人は人道主義者であって平等主義者ではないと，長い間説得力を持って論じられてきた[34]．

次に，国際的な分配的正義に関する原理がまだ存在しないことを論議することで，国際的正義を手短に議論した．しかし，これは，富める国の政府が世界中の貧しい人々を助けようとすること，これは実際には難しいのだが，に関わるべきではないと言っているのではない．

さらに，議論を，平等は政府の指導原理でなければならないということを，誰よりも強く主張してきたドゥオーキンに転じた．彼は，「平等な配慮が政治的社会の最高の徳である」と主張する．これは大きな修辞的発言である．しかし，それは，「似たようなケースは同じように扱われなければならない」よりは空虚さがいくらかは少ないだろうか．ドゥオーキンは議論を続けて，人々は自分の責任ではない状況に対してのみ平等

---

34) たとえば，Temkinの前掲書，8ページ．

化されるとの定義から，平等な配慮は，政府は資源の平等化を目的とすべきであることを要求すると論じる．残念なことに，資源を平等化するというドゥオーキンの提案には説得力がないということが分かった．

ドゥオーキンは，社会のある状態が，別の状態に比べより平等であるとどのように判断するか考えていない．もし平等が政府の行動と政策を導く燈明であるべきならば，この判断は必ず必要である．本書では，所得，富，厚生いずれの平等であろうと，一般に受け入れられる平等の測度を見つけられなかった．

平等主義者の主張を幻想であると結論づける必要はない．改革者は，「驚いたことに，我々はしばしば，政府の政策が，大雑把に言って，何らかの平等をいつ作り出すかを知っている」と再三声高に主張するだろう．何の平等だろうか．富か，所得か，それとも，厚生だろうか．もう一度広く言えば，どれであったって構わない．どれでも測度として使えるだろう．何故なら，どの測度も，大部分の状況と折り合うだろうからである．しかし，それにもかかわらず，困難なのは，非常に貧しい人の厚生という最も重大な問題から注意をそらす貧弱な目標を平等化することによって，犠牲者の負う責任が不明確な上，救済のためにどの測度がうまく使えるか分からない難しいケースをどうしたらうまく処理できるかということである，と人は結論するだろう．

7

契約主義

　契約主義とは何か．それは，元々，国は原理的には契約によって造り出されたものであるという理論に帰着する．最近，この言葉はかなり曖昧に使われるようになってきた．今では，新たな道徳律を作り出したり，合意による「社会契約」にまでも用いられる．その合意でさえ殆ど消滅してしまった．

　既にロールズとハーサニ（Harsanyi 1953）については論じた．彼らはしばしば契約論者に分類される．しかしながら，近年，部分的にゲーム理論に基づく新しい発見がもたらされた．例として，ゴウティエとビンモアを挙げよう．ここでの説明は表面的なものである．というのは，第Ⅲ部で紹介するゲーム理論でさえ初歩的な概説に過ぎないからである．したがって，ここでは，読者は議論の概要を理解できるだけだろう．しかし，二人の貢献をある程度まで理解するにはこれで十分だろうと思う．加えて，自分を契約論者と主張するT. M. スキャンロンの見解も取り上げる．

　デイヴィッド・ゴウティエは，道徳は合意から引き出されるという見解を最も積極的に唱えている[1]．彼は反功利主義者である．その理由は，厚生の最大化が，権利を侵害し，（巣を作る能力に欠ける哀れなカッ

---

1) D. Gauthier, *Morals by Agreement*. 彼は，同様な理論を唱えた先駆者として，K. Baier *The Moral Point of View: Rational Basis of Ethics* と G. R. Grice *The Grounds of Moral Judgement* への注意を喚起している．

コウのように，自分の費用を他人におっかぶせてしまう）フリー・ライダーや寄食者を作り出す収入の再分配を伴うからである．彼は，ノズィックのように，基本的には自由主義者である．したがって，彼の反功利主義は，ロールズやドゥオーキンの反功利主義とは非常に異なっている．ロールズとドゥオーキンは，人は遺伝的偶然性の産物で，それゆえ，社会に属する能力の成果に権利が与えられるとは考えない．ゴウティエは，このような成果の如何なる再分配も正しくないと見るだろう．彼自身の言葉を引用すれば，「功利主義者の社会は，実質的な目的を何も持たず，個々の財の合計の最大化を実現することにある．」正しい社会は，全ての人が受け入れられる条件で，個々人が自分自身の財の最大化を実現することを可能にすることにのみ関わる[2]．

彼は，効用を最大化する人を二つに分ける．それは，他人などお構いなしに自分自身の利益を追求する人と，もしお互いに協力すれば，利益を得る可能性があることを認識する人である．後者は，協力は自分自身の行動に対して何らかの制約が課されるだろうということを認識している．彼らは，協力するために修正しなくてはならないことがあるなら，制約下での最大化追及者と呼ばれる．生産的な協力は，それが生み出す余剰生産の分割を伴う．これは交渉問題であり，これに対して，ゴウティエは，協力者が互いに制約下での最大化追及者であると認識し合えるなら，明確な合理的解答があると主張する．この問題に対する彼の解答は攻撃されうるし，実際，攻撃されてきた．というのは，各協力者には何が合理的であるかに関し様々な見解がありうるからである．しかし，合意に達した交渉を尊重しないと利益が得られないと参加者の誰もが信じるような解が見つかったと仮定してみよう[3]．この交渉は，結局，自己規制となる．つまり，これは，道徳規範や法による外部からの規制を必要としない．こうして，ゴウティエは，道徳それ自体は協力的生産を求める制約から導き出されると論じる．

全ての生産活動が協力を必要とする訳ではない．ゴウティエは，如何

---

[2] 前掲書，341ページ．
[3] ゲームの理論では，これはナッシュ均衡として知られている．

なる取引者も財の価格を操作できないとき，各取引者が効用を最大化するに従って，完全競争の経済学的概念に向かうと指摘する．何の協力も得られないので，ゴウティエはこれを道徳的に自由な領域であると断言する．「道徳は市場の失敗から生じる[4]．」これは誤りである．同時に完結しない取引は全て信頼を必要とする．二人の人が梨とりんごを交換するとき，人は通常，自分が欲しい果物をまず選ぶ．もっと重大なのは，全ての信用と将来の取引は，定義によって，同時には起こらないということである．市場は信頼のない奇妙な場所になるだろう．しかしながら，これは，ゴウティエの論文の中では重大な欠陥ではない．要するに，彼の議論は，全ての取引が協力的であると認めることによって，弱められることはない．

　ゴウティエは，保有財産が不平等な人々の間での実行可能な交渉は不公平とみなされるだろうと見ている．彼は，それゆえ，人の財産は，その人が協力した誰の厚生をも減じることなく獲得されたものであることを要求するノズィック流の条件を受け入れる[5]．この条件は，同時に現在の交換も拘束するのだが，いくつかの問題を発生させる．この条件は，如何なる道徳的制限とも合致しないので，理由づけだけから導き出されなければならない．そうでなければ，ゴウティエの主張の主要な論点は根底から揺さぶられる．この点を自覚して，彼は制約下での最大化追及者全員がこの条件を受け入れることを求める．これは議論のあるところである．ゴウティエの公正に対する解答に関して別の疑問が生じる．条件を協力的取引に限定することは，分配的正義を強調する人々の意見では，その価値を減じるか，否定しなければならない．したがって，この条件は，侵略者が占領地において，現地人と交流しなければ機能しない．不正に獲得した所有物に対し，賠償や補償をめぐる真剣な討議を無視することも同じ批判を招くだろう[6]．ゴウティエ流の論理は，公正と正義は協力者とその合意に対してのみ適用できるというものである．これは

---

4) 前掲書，84ページ．
5) 前掲書，192ページ．
6) たとえば，Brian Barry（1995），42-5ページ．

受け入れることができるだろうが，全道徳が合意からでてくる訳ではなく，それゆえ，人は，たとえば，その心理的不適格性のゆえに付き合うことができない人や協力しない人に対して道徳的義務を持つことができない．他のいくつかの契約主義的見解を検証した後で，合意による道徳の問題に戻らなければならない．

最近，K. ビンモアは，ゲーム理論の枠組を用いて，道徳や政治哲学に関する膨大な研究を発表している．その二巻の書は合計900ページ弱に達し，（細部も含め）200以上の図表を収めている[7]．同書は，参考文献を至るところで頻繁に引用し，ゲーム理論における先行研究や関連研究の成果を予め知っている必要があり，数学的論文を読む訓練を受けていない人にとっては理解が難しい研究で，読者に不親切な著作である．しかしながら，同書は洞察力に富んだ分析と刺激的な判断に満ち溢れている．私には，ビンモアの著作の概略を1ページかそこらで公正に述べる自信はないが，ともかくやってみよう．

ビンモアは，一人の英雄，ヒュームと，三人の嫌悪の的，プラトン，カント，ゴウティエを取り上げる．プラトンはファシスト，カントは形而上学者，ゴウティエはゲーム理論の用い方が不適切な人物である．ビンモアは，協力的な気質を持つ制約下での最大化追及者の考え，とりわけ，制約下での最大化追及者がしばしばお互いにそうと認識し合っているという考えに反対する．ゲーム理論におけるゲームのプレイヤーは，その行動を通してしか情報を伝達できない．彼らは，手持ちのカードを切り札だけで表現し，表情や声の調子やどんなカードを持っているかを全く示さない，ブリッジの理想的なプレイヤーのようである．ビンモアは，また，交渉問題に対するゴウティエの解答にも反対する．しかし，ゴウティエは，自分の見解は，受け入れられ得る仮定の下で，最も高く評価されている交渉理論と両立すると主張する[8]．私の見解では，ビン

---

[7] K. Binmore, *Game Theory and the Social Contract*: Vol. 1 (1997); Vol. 2, *Just Playing* (1998).

[8] これらの複雑さは，David Gauthier and Robert Sugden (eds.), *Rationality, Justice and the Social Contract* (1993) 所収のビンモアとゴウテ

モアの反対は，ゲーム理論の理論家に忌み嫌われている制約下での最大化追及者の概念に対する反対ではない．常識は確かに，協力に至るべく行動するのは合理的であろうということと，これは他人に認識されうるということの双方を示唆している．明らかに，これは将来のゲームに対する期待を含んでいる．そのような行動と認識が道徳とは完全に独立であるかどうかは別の問題である．

ビンモアは通常の契約論者とは異なる契約論者である．彼は，社会契約を全ての共通に理解された対等な慣習の全体集合とみなす．社会契約は，彼が人生のゲームと呼ぶものにおいて均衡を創り出すために，行動を調和させる．すなわち，それは，全ての人の利益において，他の人が同じ行動をとるように十分に準備された諸規則に従うべきであるがゆえに，自己強制的であることが求められる（Vol. 2, 5ページ）．これらの社会通念は「公正基準」ともみなされ（Vol. 2, 470ページ），恐らくは，狩猟・採集社会における食料分配の合意から，長い時間をかけて進化してきた．それらは，慣習や風習だけで人を拘束する道徳規則である（Vol. 2, 145ページ）．彼は，これらの道徳規則を当を得た理論と呼ぶ．すなわち，それらは，善を，帰結主義者の理論におけるものとも，結果とは無関係に尊重されるべき権利とも，前もって仮定しない．

道徳のゲームは，ある契約の変更が考えられるときに行われる．ここで，ビンモアのヴェールはロールズのヴェールよりかなり薄い．参加者はアダムとイヴで，原初状態はエデンの園における現状である．アダムとイヴは結婚から得られる利益を二人の間で分配するための契約を交渉しようとする．ヴェールがかけられる．二人は，依然として，自分が誰であるかを除いて常に何でも知っている．二人は個人的な選好を持っているが，同時に，感情移入された選好も持っている．これは，XとYが利益の分け前と考えられるとき，それぞれが，「私は，Yを得るイヴよりもXを得るアダムでありたい」といった選好を持つことを意味する．感情移入された選好は，アダムとイヴの効用の比較を認める．交渉は，ヴェールが取り払われるときはまだ締結に達していない．どちらかが，新

ィエの論文中で議論されている．

たな交渉を再開するために再びヴェールを降ろすよう求めることができる. 均衡は, どちらも再交渉を望まないときにのみ達成される.

私が理解する限り, 解を求めているゲーム理論は, 無限に繰り返される非協力ゲームである. 私がその詳細を論じるのは適切ではない. だが, その結論は, 協力から生じる効用の増加分の平等主義的分割であり, それは, ビンモアに言わせると, 彼は基本財を扱ってはいないが, ロールズがマキシミン原理で到達するであろう結論と非常に良く似ている. 正直に言えば, ビンモアがどうしてこの結論に到達するのか私には理解できない. ビンモアとゴウティエは多くを共有しているとあえて言う人がいるだろうか. 二人は共に合意による道徳理論を説明することにかかわっている. 両者は共に, 実行可能な契約を, 協力によって得られる有利さの公正な分割と見ている. ビンモアは, 功利主義は強力で家父長的温情主義的な政府と相通じるものがあるだろうとは認めるけれども, 二人は功利主義と自然権に距離を置いている. ゴウティエは, 彼の制限条件付の契約と最初の公正さを弁護しようと試みる. ビンモアの原初状態は現状であり, 何の制約条件もない. 彼は, 現状は時が経つにつれ, より公正, すなわち, 互いにより合意可能になると信じているようだ.

T. M. スキャンロンの契約論に移ろう. 彼の基本的な原理は,「現在のある行動の結果が, 告知されかつ強制されない一般的合意のための基礎として, 誰も説得力を持って拒否できない一般的行動規則のための如何なる制度でも認められないなら, その行動は間違っている[9]」というものである.

スキャンロンは, 道徳原理に必須な特徴である公平性の考えを正しく伝えているとして, ブライアン・バリーの喝采を受けている[10]. スキャンロンは次のように書いている.「もし私が, ある原理Pが告知され, 強制されない一般的合意のための基礎として, 説得力を持って拒否するこ

---

9) T. M. Scanlon, "Contractualism and Utilitarianism" (Sen and Williams (1982) 所収), スキャンロンの契約理論に関するもっと最近の展開と詳細に関しては, *What We Owe to Eachother* (2000) を参照.

10) B. Barry 前掲書, 110ページ.

とができないと信じるなら,誰もが一般的な合意のための基礎を求めている限り,それを受け入れるのが私にとって当然であるだけでなく,他人にとってもそれを受け入れるのが当然であると私は信じなければならない.したがって,私は,自分が如何なる社会的地位にあろうとも,私はPを受け入れる理由をもつだろうと信じなければならない[11].」

これは無知のヴェールの背後で選択しているように聞こえるが,そうではない.スキャンロンは,社会的行動と社会的組織を規定している一般的合意に到達しようとしている実際の人々について書いている.ハーサニとロールズは,ユートピアを設計する唯一の合理的精神について書いている.スキャンロンは,ハーサニとロールズは公平性の考えを正しく理解していると誤って仮定したと主張する.彼は,二人の原理から距離を置く一方で,功利主義者の解決策は,時には,一般的に同意されると信じている.

無知のヴェールは極めて厄介である.その厚さは,論者によって大きく異なる.それが取り除かれると本当に違った人となっているが,元々全く同じである参加者は拘束されているのだろうか.もしそうなら,その解が正しいのかどうか疑わしい.そうでないなら,全ての難題は束縛から解かれるだろう.ロールズ自身は,彼の原理が結果として作り出す国が安定することに関心を持っていたが,安定のための配慮は,明らかに,彼のマクシミン原理とは簡単に調和しない方法で,ヴェールで覆われた参加者の協議を拘束する[12].

この問題は,ハーサニの平均的功利主義者の解が資源の実際の不平等と対立することによって衆目の集まるところとなった.ヴェールをかぶったままで期待効用を最大化する人は最大平均効用を選択する.各人の限界効用は,資源を移転することによって,可能な限り均等化される.しかし,何人かの人は他の人よりも暮らし向きが悪いままに留まる.何故なら,資源を厚生に変えるのが他の人よりも上手い人がいるからである.しかしながら,そのような経済が実現したら,暮らし向きの悪い人

---

11) Scanlon 前掲書,121ページ.
12) Little (1978), 40ページ.

は，ビンモアのやり方で，再交渉を求めるかもしれない．しかし，ヴェールが再び降ろされたら，同じような不平等が発生するだろう．暮らし向きの悪い人は諦めなければならないか，合意に達する別の道を探さなければならない．これが可能かどうかは分からない．

スキャンロンは，ここで引用している論文を，何人かの哲学者が主張しているように，道徳はお互いに保護し合うための単なる装置であるということを否定することで終えている．保護を求める願望は，それが納得づくで合意できるものを決めるので，重要である．「しかし，一般的な合意の考えは，保護を保証する手段として出てこない．それは，より基本的な意味において，何についての道徳性かということである[13]．」最近の著作[14]において，スキャンロンは，合意に到達しようとして，人々が持つと仮定される動機を欲望から理由へ変えている．彼はまた，自分の理論は全ての道徳についてではなく，主要な部分についてであると明確に述べている．ある行動，たとえば，いくつかの性的行動は，それを認める原理は一般的合意を求める他の人々によって説得力のある理由で拒否されないだろうが，間違っているだろう．これが，彼の理論の限定された範囲をうまく描写しているがゆえに，彼の書のタイトルが *What We Owe to Eachother* となっている理由である．

契約主義の主題から離れる前に，ロバート・サグデンの見解を考察しなければならない．彼は，「契約論者の目論み」は不可能であると論じる[15]．彼は，この目論みを，自然状態において合理的な個人が直面するであろう問題を分析することによって，道徳の原理を引き出そうとしているのだと言う．彼は，合理的な個人は，協力と制約の特定の規則に同意するだろうと主張する．さらに，これらの規則は，公平もしくは普遍

---

13) 前掲書，128ページ．
14) Scanlon (1998).
15) Robert Sugden の "The Contractarian Enterprise" と "Rationality and Impartiality: Is the contractarian enterprise possible ?" を参照．両者共，David Gauthier and Robert Sugden (eds.), *Rationality, Justice and the Social Contract* (1993) 所収．

化可能である必要があるだろうし，このことが，これらの規則を道徳の規則にする．私は，本章で検討した研究者全員が，恐らくビンモアを除き，やり方は様々だが，この目論見を追及していたと思う．

サグデンがこの目論見を却下した理由は簡単である．彼は，交渉問題が特有の合理的な解を持つことを否定する[16]．さらに，合理的な解は公平ではないだろうし，それゆえ，道徳的と呼ばれるべき主張が存在する．慣習と社会通念が形成され，多くの人が受け入れるようになる結果，これらに挑戦することは誰にとっても不合理になるが，それでも，そのような社会通念のいくつかは不公平で，多くの人の意見では不道徳だろう．フェミニストは確かに同意してくれるだろう．サグデンは，慣習と社会通念は社会の欠くべからざる特徴として進化してきており，しかも，いくつかは道徳としての地位を獲得したという見解を強く擁護していることに注意しなければならない．彼が否定するのは，そのような道徳律は何らかの理由で正当化できるということだけである[17]．

契約主義に対する私自身の結論をいくつか示しておこう．まず，様々な違いを区別しなければならない．初期の契約論者，ホッブスやロックは，国を造るための契約を規定する自然状態における実際の人々について書いていた．道徳の概念と規則は，国に先立って成立していた．道徳律，あるいはその大部分が合意によって創り出されるということに関して疑問はなかった．合意に基づくという考えは最近の契約論者の貢献である．ホッブスの理論では，国は完全に権威主義的であった．しかし，ロックにおいては，人々が主人で，国は彼らの代理人である．如何にして主人が代理人を最もよくコントロールでき，そこから最良のものを得ることができるかは，経済学で多く研究される分野になった．この研究が現代国家の理論にとって何か参考になるか否かを第Ⅲ部で考察する．

ハーサニとロールズは契約論者に分類されてきたが，これは実際には

---

16) Robert Sugden, "Rational Choice: A Survey of Contributions from Economics and Philosophy", *Economic Journal*, Vol. 101, Number 407, July 1991 も参照．

17) R. Sugden (1986).

正しくない．我々は，ロールズの「契約者」は実際には一人であることを知っており，人は自分自身とは契約しない．ハーサニ（1953）では，社会的地位や個人的な選好に影響を受けない公平な道徳的判断を行い，感情移入のできる社会の構成員（あるいは，外部の観察者）を作り出すために，無知のヴェールが存在する．いずれにしても，合意によって創り出される道徳に対する疑問はなんら存在しない．そこで，疑問がありうると主張する論者——ゴウティエ，ビンモア，スキャンロン，その他今まで取り上げてこなかった論者も当然含め——に注意を集中する．

合意による道徳は魅力的な論題である．それを検証するに当たっては，その主張が，道徳は説明されているということなのか，正当化されているということなのかを区別することが重要である．最初に，要求度のより少ない前者を考察しよう．

社会通念と慣習が長い歴史を持ち，進化的な見地から，少なくとも部分的に説明されうるというのは，確かに正しい．もしそれらが，殆ど全員が合理的で完全情報を持っている社会で一般に同意され，安全でうまくいく社会生活にとって重要であるとみなされるなら，道徳的な力を獲得するのも理解できる．この言い方は，しかしながら，よく検討する必要がある．社会通念は，殆ど全ての人が従い，自分を除く殆ど全ての人が従うなら，自分も従うことを選好するといった行動規則で，それを全ての人が期待する．それらは，如何なる権威によっても強制されず，（時々順番を飛び越すものがあるが）効果的に自己管理を行う．合意や契約に関しては何も言っていない．

いくつかの状況において，よく定義されたグループの全てのメンバーがある社会通念に従うことから利益を得るとき，暗黙の契約があると言い，メンバーは従うことを余儀なくされる．しかし，一般には，社会通念に従う法的義務はない．しかしながら，ある社会通念が道徳的な力を持つということは，人々が，それに従うべきだと信じているということ，換言すれば，従う義務があると信じているということである．個人を尊敬し，所有物を尊重するといった，ごく僅かの社会通念だけが道徳的な力を獲得する．「どうぞ」とか「ありがとう」といった社会通念は，社会の絆となるものであるが，道徳ではなく，マナーの問題とみなされる[18]．

こうして，実現可能な平和な社会で共に生きようという望みは，一連の社会通念を生んできた．そのうちのいくつかは，非常に重要なので，道徳の問題であると信じられている．しかし，これらの社会通念は，ロールズ，ゴウティエ，ビンモアが仮定するように，協力の成果，すなわち，交易からの利益を分割するための合意と同じではない．殺人に反対する社会通念は，実現された生産増の分割に関する交渉からは出てこない．そして，親切のような道徳的徳は常に生産的というわけではない．

社会通念による道徳性は，かくして，私には，道徳律の発展に関し，合意による道徳に比べ包括的な説明であるように思われる．しかしながら，社会的な相互作用を調和させることから生じる社会通念は，それ自体，自分の子供や親に対する義務のように，道徳の全ての領域にもっともらしく関係づけられていない．最後に，その理論は，発展してきた全ての道徳的社会通念を正当化することを求めてはいないということに注意することが重要である．そのうちのいくつかは，批判に耐えられず，変化するだろう．如何なる場合にも，人は，自分の属さない社会の道徳律を批判するのと同じくらい自分自身が属する社会の道徳律を批判する自由を持つ．

何人かの契約論者，特に，ロールズとゴウティエは，彼らが，合理的と仮定する合意から導き出すことができると主張する道徳律を正当化したがる．二人は，合理性を公平さのための必要な基礎とみなす．本書では，社会通念による道徳は，全ての道徳を説明することができず，それが説明するものは，必ずしも良いことではないと論じてきた．合意による道徳はもっと説得力がない．何故なら，道徳律は，合意からよりも社会通念に由来するものの方が多く，それが説明できる道徳律を正当化しようとする主張は，そのような合意の合理性に照らして，確信が持てないからである．

最近の契約論者は，その理論が持つ合意の望ましい範囲と形式に対す

---

18) 我々は，社会通念の問題に対して，完全な正義を実行することはできない．この古典的な研究は，D. K. Lewis (1969) が行っている．R. Sugden (1986, 1998) も参照．

る意味を分かり易く説明しない．既に見たように，ゴウティエの見解は自由主義的になりがちだが，これは，その多くが合意による道徳の理論からよりも，彼が権利を強調していることの方に由来しているからである．ビンモアは自分は自由党員だと言い，長期においてのみ，平等を肯定する傾向がある．スキャンロンの主張はもっと内容が乏しい．しかしながら，多くの調整問題が強制されない合意によって解決できるとか，実際に解決されればされるほど，全ての面で，政府の必要性は一層減少するということができる．そのような社会通念と合意の上に置かれうる，また，置かれるべき信頼の程度は，第Ⅲ部で詳しく議論する実証的問題と道徳問題の双方にある．

8

共同体主義

　共同体主義は，ここまで検討してきた政治哲学の様々な思想のいずれとも大きく異なっている．これまで紹介してきた政治哲学的思想は全て，良いことは誰にとっても良いことに変換することができ，しかも，一つの状態は，個人の関心と決定だけから，その合法性を引き出すという考えを受け入れてきた．

　共同体主義者はどちらの前提も受け入れないだろう[1]．彼らが，個人の権利もしくは個人の必要性のいずれかに基づく如何なる哲学にも反対するのは，個人は，自分の属する社会と無関係には存在しえないという点にある．賞罰とか正義のような概念は，特定の共同社会内においてのみ意味を持つ．ロールズやノズィックのような哲学者は，人々の賞罰や歴史や家族を無視しているので，正義を理解できない．加えて，個人の費用や利益に置き換えることのできない愛国心のような財が存在する[2]．

　人々は，実際の社会状況に置かれている場合を除き，仮想的に想像することができないというのは正しい．彼らの能力と目的，計画，喜びや苦しみは，他の人々にとっては相対的で，彼らが属する（あるいは，属した）社会の中で形成されたり経験を積んだりすることから深い影響を

---

[1] 最近の哲学者の中では，M. サンデルが共同体主義を最も詳しく論じている（Sandel（1982））．

[2] とりわけ，Charles Taylor（1995）の第 7 章を参照．

受ける．しかしながら，これは彼らの計画と行動が完全に決定されることを意味している訳ではない．道徳や社会的厚生に対する個人主義的接近は人々が自主的であることを要求する．自由な意思が存在する．共同社会の影響がどんなに強くても，人は多くの選択肢の中から自由に選択できる．彼は権利を持ち，彼が得るものは受け取るにふさわしいか，ふさわしくないか，どちらかだろう．彼はまた，社会の規則や社会通念に疑問を呈するだろう．実際，彼は，自分自身の価値を疑うだろうし，自分の目的によってがんじがらめになっているのではない[3]．

アラスディア・マッキンタイヤーは最もラディカルな共同体主義者である．彼は，啓蒙主義から派生した現代の道徳および政治哲学を，主流派も分派も含め，全て拒否し，厚生または権利に基礎を置く[4]．NM（ノズィック流の人）とRM（ロールズ流の人）の主張が折り合うことはない．NMは懸命に働き，その当然の見返りとして財産を獲得する．だから，窮乏しているRMを助けるために，彼に課税するのは不当である．だが，RMは，自分が貧困であるいわれはなく，それゆえ，不当だと主張しそうである．しかし，ロールズとノズィックは共に，当然の賞罰を無視し，それゆえ，正義を無視する．何が受け取るに値し，何が値しないかは，本質的に，共同体の価値と関係している．「当然受けるべき賞罰の概念は，共同体内においてのみよく知られている．つまり，そこでは，主たる束縛が，人にとっての良いことと，その共同体にとっての良いこととの双方に対する共通の理解となっており，かつ，個人は，人にとっての良いことと，その共同体にとっての良いことに照らして自分の主たる利益を判断する[5]．」

そのような共同体の価値は最早失われてしまった．「しかし，我々多

---

3) 反対の見解については，Sandel (1982) のとりわけ55-9ページを参照．このサンデルの議論は，Will Kymlicka (1990) 第6章で厳しく論駁されている．

4) 私は，ここではMacIntyre (1985) を参照し，アクイナスに賛同しているその後の著作は参照しない．

5) 前掲書，250ページ．

元論者の文化には，必要性に基づく諸要求に抗して，合法的なエンタイトルメントに基づく諸要求の間で決定を行うためのウェイトづけも合理的な基準もない[6]．」マッキンタイヤーは，この窮状を，徳に基づく伝統的な価値が啓蒙主義によって破壊されたことに由来する失敗と見る．彼は，ニコマコス倫理学の中に示されているアリストテレスの徳の概念から引き出される哲学への復帰を願う．彼は今日の官僚主義的資本主義にうんざりしている．管理者の言い逃れは，ここには経済計画策定者の場合も含まれると思うが，強欲な資本家と同じく，彼の反感を呼び起こしているように見える．政治的な最低線は何であろうか．それは，官僚主義的資本主義が最終的に崩壊するまでに，いくつかの徳が保持されている小さな共同体を創り出すことであるように思われる．

折り合うことのできない価値が存在するということは，（同語反復的に）社会は互いに比較考察する方法を持たないが，マッキンタイヤーと同じく，それを災禍と見ないアイザイア・バーリンと極めて関係の深い論題である[7]．折り合えない見解を持つ人々の間で，武力抗争に至らない妥協が存在する．全ての問題が合理的に解決されるという点から，折り合えない見解の橋渡しをする道徳が欠如していることは嘆き悲しむべきことではない．

マッキンタイヤーも本書で紹介する他の共同体主義者も，私自身を含む多くの人が持っている共同体主義に対する深い不信の理由に適切な注意を払っていない．共同体の良さに対する共通の理解は，しばしば，悪弊に対する共通の理解であったように思われる．ヒットラーは確かに最高の共同体主義者であった．あらゆる独裁者，党派の設立者は全て共同体主義的な価値に訴える．

これは，もちろん，共同体主義的価値の全てが非難されるべきであるということではない．いずれかの共同体に属するということは，多くの人の豊かな生において重要な要素であり，彼らの生活を支え，有益な核となるだろう．それはまた，彼らにステータスを与えるだろう．ナショ

---

6) 前掲書，246ページ．
7) Berlin (1969)，167-72ページ．

ナリズムは最高の例である．少数民族の共同体の多くのメンバーは，外国の従属下にあるよりも，むしろ，国内の人間による不当な扱いや，場合によっては虐待に甘んじるだろうということを，最近の歴史は明らかにしている．愛国主義もナショナリズムも，歴史的，民族的，イデオロギー的状況を無視して，無制限に賞賛されたり非難されたりしない．しかし，我々は，共同体や国民にとって良いことは個人にとって良いことに還元することができるという見解を信じる．

第Ⅲ部

経済学と政治学

序

　第Ⅲ部のタイトルに「哲学」という語がないのは，ここでの議論に哲学が含まれていないことを意味していると捉えないでいただきたい．ここでは，如何なる道徳律の実体も正当化したり批判したりしないという意味においてのみ，哲学が論じられない．しかし，何らかの道徳律の存在が，しばしば，予め仮定されており，特に第9章では，社会通念が道徳律に発展してきた経緯を推測し，議論する．この点で，第9章の多くの部分は第7章の続きとみなされるだろう．

　政治学と経済学の重複部分は非常に広範囲にわたり，本書でカバーできるのは極めて限られている．本書では，公共財の供給と，公共選択の政治経済モデルを利用しているいくつかの経済政策とそれらの傾向を説明する試みに議論を絞る．同時に，集団的意思決定過程からのいくつかの逸脱——レント・シーキングと贈収賄——を簡単に検討する．

　本書では，マクロ経済学的問題，生産と価格の安定性の問題，国民所得の成長率の問題，すなわち，これらの面で最も望ましい成果を達成する際の政府の役割を無視する．政府がマクロ経済に対し重要な役割を担っているという見解には，恐らく殆どあるいは全く異論がないだろう．しかし，制度設計や権限委譲，および金融・財政と為替レートへの介入の見地から，その役割を最も良く遂行するために政府はどうすべきかという点に関しては多くの異論があるだろう．これらの困難な問題に関するまじめな議論は，本書で論じられている他の全ての問題に求められている以上の経済学的訓練と経験を必要とする．私は，これらの問題に対

して，自分が哲学者や政治家の心をうまく引き付けることができるとは思わない．それゆえ，政治的マクロ経済学に関しては他の研究者のために残しておく．

9

ゲーム，合意，公共財

ゲーム

　ゲーム理論は，1944年，フォン・ノイマンとモルゲンシュテルンによって，その有名な書『ゲームの理論と経済行動』の中で初めて論じられた．最もよく知られているゲームの定理「囚人のディレンマ」は，1950年，A. タッカーが，その未公刊論文の中で発表し，同じ頃，ジョン・ナッシュは非協力ゲームにおいて重要な均衡概念を定義した．この理論に対する興味とその発展は遅々としたものであったが，この25年間に開花した．各分野で応用され，最も有名なのは，多分，生物学と防衛問題だが，次第に経済学や政治学にも利用されるようになった．しかしながら，ゲーム理論は経済学にその根を持つとみなされている．

　ゲーム理論の主題は，一人以上の人（あるいは動物）の行動に依存する分析の中で最良の行動に関する分析である．大部分の社会的相互作用は，殆ど，相互作用という言葉の定義によりゲームである．経済学における多くの応用の中で最も明白なものは双方独占である．しかし，本書では政治学との接点だけを考察する．ゲーム理論は非常に細分化されているが，幸運なことに，その政治理論への適切性を理解するという目的にとっては，一つの部門の二，三の問題を見るだけでよい．

　ゲーム理論家にとって，囚人のディレンマは非常に小さな問題で，研究対象としてはつまらないものに見えるに違いない．しかし，一時は，経済計画にとって決定的な論拠を与えるものと考えられた．私は，相対

的に若干レッセ・フェール的な政策に賛成しなければならなかった1960年代に開いたあるセミナーを思い出す．一人の反対者が，少し左がかっていると間違って受け取られていた私の『厚生経済学批判』を引き合いに出して，「あの本は一体何なんだ？」と叫んだ．別の人が，「囚人のディレンマは何なんだ？」と叫んだ．私は最初の批判にどう答えるかは知っていたが，似た言い回しを使った二番目の質問への最も良い対処法を恐らく知らなかった．今は知っている．しかし，まず，そのディレンマを説明する必要がある．それは，一回だけ行われるゲーム，いわゆる一回ゲームで発生する．

　二人のプレイヤーがいて，共に同じ行動の組み合わせ（あるいは，ゲーム理論でいう戦略）を持つ．選択は交互に行われる．4組の戦略は，図9.1に示されるように，2×2行列で示される．

　列方向で決定するプレイヤーを「ロウェナ」，行方向で決定するプレイヤーを「コリン」としよう．戦略は「協力」と「裏切り」とする．囚人のディレンマの元々の話では，「協力」は「自白しない」を意味し，「裏切り」は「自白」を意味する．このような2×2行列で描かれる多くのゲームでは，「協力」は一般に，非攻撃的協力戦略を表し，「裏切り」はその逆を表すので，我々は「協力」と「裏切り」を用いる．ロウェナとコリンがそれぞれ自分自身の戦略を選択するとき，4つのセルのうちの一つが結果となる．各セルは，2個の数値を含むが，最初の数値はロウェナの報酬または利得で，二番目の数値はコリンの利得である．数字は効用の単位数（ユーティルズ），あるいは，何であっても構わないが，参加者が最大化していると思われているものを意味する．囚人のディレンマの目的にとっては，通常の効用で十分である．低い数字より高い数字が選択され，その利得は個人間で比較できない．

　囚人のディレンマの話では，もし両者が自白を拒否するなら，各自は

図9.1　利得表

		コリン	
		協力	裏切り
ロウェナ	協力	a, a	b, c
	裏切り	c, b	d, d

軽い判決を受け，もし両者が自白すれば，より重い判決を得る．もし一人だけが自白すれば，その自白者は軽い判決を受けるか，自由にすらなり，もう一方の囚人は最も重い判決を受ける．この話では，より大きな数字が選択されるために，最大の判決，たとえば禁錮10年からの削減される年を示さなければならない．そこで，図9.1において，たとえば，（図9.2に示すように）禁錮3年，8年，1年，6年をそれぞれ，$a=7$，$b=2$，$c=9$，$d=4$で表すことができる．

図9.2　消滅の年数

		コリン	
		自白しない	自白
ロウェナ	自白しない	7, 7	2, 9
	自白	9, 2	4, 4

　さて，解答は次のようになる．ロウェナが「自白」を選択するとしよう．そのとき，コリンが「自白しない」を選ぶなら，ロウェナの結果はcとなり，コリンが「自白」を選ぶなら，dとなる．もし，$c>a$かつ$d>b$なら，ロウェナは，コリンがどちらを選ぼうと，「自白」を選ぶことでより良い状態になる[1]．ここではこうなるように数字を選んでいる．同様に，コリンもまた，ロウェナが何を選ぼうが，「自白」を選ぶことでより良い状態になることが簡単にチェックできる．これは，両者にとって，「自白」が「自白しない」を支配していることを意味する．そうして，自白／自白のセルが選択され，両名はそれぞれ6年の禁錮に服することになる．もし自白しない／自白しないが選択されていたら，それぞれ3年の禁錮だけで済んだだろう．与えられた利得の順序，$c>a$と$d>b$は囚人のディレンマに関して決定的である．どちらか一方が自白しなかったらどうなるだろう．もし一人が自白しないことを選択し，もう一方が自白を選択するなら，前者は禁錮8年になり，自分の場合と同じく，自分の意思で決めた相手の選択が「自白」に支配されていることを知る．

---

[1] もし$c>a$なら，$d\geq b$は囚人のディレンマにとって十分であり，同様に，$d>b$かつ$c\geq a$は十分である．

最初の話では，囚人は話し合うことすらできなかった．しかし，話し合うことができたとしても，両者が共に自白を拒否するということにはならないだろう．たとえ両者が自白しないと約束したとしても，どちらも相手がこの約束を破らないと信じることはできないだろう．どちらも自白しないということは，拘束力のある約束がなされるかどうかということだけに依存する．もし拘束力のある約束がなされるなら，ゲームは協力ゲームになり，囚人のディレンマは，定義により，非協力ゲームだから，両者が自白するという解は，定義により真なので，トートロジーである．

経済学における囚人のディレンマの重要性は——いわゆる市場において——，当事者の自由な選択の相互作用が最良の結果を達成し得ない状況を明らかにしていることである．経済学の専門用語で言えば，第3章で定義し議論したように，当事者は「パレート最適」に到達できない．換言すれば，市場の失敗が生じる．「市場」に依存する政策を信じない人は，囚人のディレンマは広範囲にわたると信じるか，ともかくそう議論する傾向がある．

ここで，第7章で説明したゴウティエの考えに戻らなければ公平さを欠くだろう．彼は，もし囚人がお互いを「制約下での最大化追及者」と認識できたなら，相互協力は達成できると信じている．実際には，各人は相手が約束を守るだろうということを認識できるだろう．ビンモアは，囚人のディレンマは協力を予め除外しているというトートロジーでゴウティエを論破しようとした．しかし，ゴウティエは，拘束力のある約束が何もない一回限りのゲームにおいてすら，合理的なプレイヤーによって相互協力が達成可能だと依然主張するだろう．もしゲーム理論の諸定義が受け入れられるなら，先に示したゲームは囚人のディレンマではないだろう．ゴウティエの理論は魅力的である．なぜなら，人々は信頼に値するかどうかをしばしば見分けることができ，また，相互協力と実行可能な合意はしばしば拘束力のある約束がなくても守られるからである．この場合，通常は強制者としての第三者を決める必要が生じる．しかしながら，（第7章で論じられた）サグデン，ビンモア，スキャンロンが，彼ら自身が強制されたのでも，約束したわけでもない合意を固く信じて

いる人達であるということに気づくのは重要である．違いは，そのような合意が，社会的相互作用に関する繰り返しゲームから生まれると彼らが信じていることにある．これは，一回ゲームにおいて双方の囚人が「協力」したかもしれないということよりもありそうなことだと私は思う．

　繰り返しゲームを協力均衡に導く戦略には様々なものがある．一つは，相手の手に対して，同じ手を打つしっぺ返しである．しっぺ返しをするプレイヤーは「協力」からスタートすると仮定される．その人は「協力」的にプレイするが，相手がしっぺ返しをするプレイヤーなら，二人の協力に関する最適解は，無限に繰り返される．任意のゲームが最後となる確率が十分に小さければ，それは均衡である．なぜなら，「裏切り」から得られる利得は一回だけなのに，両者が協力する代わりに，共に裏切ることによる損失は無限に続くからである．

　「無限」について注意が必要である．ゲームの回数が決まっていてはいけない．もし回数が決まっているなら，最後のゲームは，裏切り／裏切りの結果を持つ一回限りの囚人のディレンマになる．その前のゲームにおいても，協力による将来利得は何もないので，相手は「裏切る」ことで何も失わないから，どちらのプレイヤーも合理的に「協力」しない．同じことが「バックワード・インダクション」によって，次々と前のゲームに遡って繰り返され，現在にたどり着く．この危険な経路は，各対戦において，この先のゲームはないという確率が僅かでもあると仮定するだけで，簡単に避けることができる．

　殆ど全ての人がほぼ毎日囚人のディレンマに直面する．同時に完結しない取引はいずれも囚人のディレンマで，実質的には，全ての取引が同時に完結しない．もしロウェナが10ポンドで同意して財を手渡し，コリンが10ポンドを渡すなら，二人は少しの利益（たとえば，約1ポンドに等しい効用）を得る．そうでなければ，二人は取引を行わないだろう．もし取引が行われなかったら，何の利益もないだろう．しかし，一方だけが財を手渡すか金を払うなら，もう一方は，囚人のディレンマの標準的な不平等を示す図9.3のように，10ポンド相当の価値を手に入れる．

　取引の拒否は，両者にとって支配戦略である．しかし，今の例では取

図9.3 スターリング

		コリン	
		協力	裏切り
ロウェナ	協力	1, 1	0, 10
	裏切り	10, 0	0, 0

引が発生しているではないか！ では，このような状況を全て囚人のディレンマと呼ぶのは間違っているのだろうか．それは本当に協力ゲームなのだろうか．そうではない．というのは，当事者のどちらも確実な取引ができないからである．金を受け取り財を渡さないこと，あるいはその逆は違法であると非難されるだろう．確かに，いくつかの交換は，訴訟に訴えることで詐欺による損害が償われるという条件つき契約によって保証されている．しかし，大多数の取引はそのような保証ではなく，信頼に依存している．

交換を一回限りの囚人のディレンマとして扱うことに誤りがある．人は皆，数多くの取引を望むが，だましたり，約束を破ることで有名な人はこのことを理解するのが難しいだろう．「囚人のディレンマは何なんだ？」と叫んだ学生に対する答えは，二つある．まず，一回限りの囚人のディレンマは稀である．第二に，無限に繰り返されるゲームは，ごくありふれており，我々は，毎日の経験から，強制されない協力解にたどり着くことがしばしばある，ということを知っている[2]．このような解が合理的な利己的人間によって如何にして達成されるかを正確に分析することは，何人かの研究者にとってゲーム理論の持つ魅力的なテーマの一つである．しかし，政治経済にとって問題なのは，それらが，しばしば，詳細な規則や政府による強制がなくても達成されるということである．

支配戦略が存在しないために，囚人のディレンマとは違う別のゲーム

---

[2] 囚人のディレンマが，どんな社会でも，それを機能させるには国が必要であるという見解に殆ど支持を与えない理由を深く分析した研究については，Jasay, "Prisoners' dilemma and the Theory of the State," *The New Palgrave Dictionary of Economics and the Law* を参照．

があるが，そこでは，何らかの外部の権威や政府が最良の結果を得るために必要とされるかもしれない．そのような例の一つは，利得構造が図9.4に示されるような保険ゲームである．

ロウェナにとって，もしコリンが協力するなら協力が最良で，コリンが裏切るなら裏切るのが最良である．ロウェナとコリンを入れ替えても同じことが成り立つ．これは，もし人々がフリー・ライダーや「お人よし」，つまり，他人が何もやってくれないときにやってあげる人であることを望まないなら，起こりうる．町の中心部の交通渋滞がよい例だろう[3]．プレイヤーは，町の中心部への車の乗り入れが禁止されることを望むが，誰も，自分だけが特別許可をもらって乗り入れるという考えは好まず，他の人が乗り入れを止めないなら，自分も乗り入れを止めようとしない．この種の状況では，第三者の制定する規則が最良の結果をもたらすために必要だろう．しかし，別の状況では，均等に良い結果をもたらす社会通念が生まれるだろう．

図9.4 利得

		コリン	
		協力	裏切り
ロウェナ	協力	3, 3	0, 2
	裏切り	2, 0	1, 1

社会通念

サグデンに従い，社会通念を2個またはそれ以上の安定的な均衡を持つ無限繰り返し非協力ゲームにおける任意の安定的均衡と定義しよう[4]．もし（殆ど）全ての人が従うある特定の戦略があり，それに従うのが各プレイヤーの利益になるなら，安定的な均衡が存在する．そのような戦略は自己強制規則である．しかし，全ての自己強制規則が社会通

---

[3] Joshi, Mary S., Vijay Joshi and Roger Lamb (2001).

[4] Suguden (1986), 32ページ，および (1998) 参照．別の重要な参考文献は Lewis (1965) である．より最近の多くの研究者も Hume (1740)，第Ⅲ巻，第Ⅱ部，ii-v 節に頼っている．

念ではない．通常の言い方では，自己強制規則は，同じく自己強制的な異なる規則を想像し得る場合にのみ，社会通念と呼ばれる．古くからある例は「左側運転」の規則である．人は誰もが右側運転をしていると想像できるが，社会通念は（連合王国では）逆である．

社会における社会通念は広範囲に渡る．言語それ自体は一つの社会通念である．イギリスで英語を話すのは社会通念である．特定の単語が意味することも社会通念に属する事柄である．貨幣の使用は社会通念である．様々な状況において誰が誰に道を譲るといった，調整問題の多くは，「先着順」のような社会通念によって解決される．

財産に関する社会通念に対してはいっそうの説明が必要である．第4章で財産の獲得を論じた．そこでは，財産は労働，贈り物や相続，あるいは，現存の資産の利用によって獲得されると論じた．しかし，最初の財産は，大部分，力で獲得したものである．しかしながら，社会通念は，時々，特に疑惑が生じたときに重要になる．つまり，もし，あるものの所有権が争われる場合，占有は九分の強みという金言が示すように，所有しているということが，社会通念上大きな役割を演じる．財産に関する他の社会通念は，発見者が保有者になるというものである．近いところにいるということも特定の状況においては決定の要素である．

多くの社会的相互作用が社会通念によって「統制」されていることは明らかである．しかし，多くは法によっても統制されている．多くの法は，社会通念に起源を持ち，それを体系化したものである．これは，社会通念がいつも十分ではないことを示唆している．別の言い方をすれば，社会通念は自己強制的であると仮定されているが，泥棒や，ならず者や暴走族が驚くほど一般的になり，自己強制力に疑問を感じさせる．自由主義者の中には，無秩序が社会を支配したことはないという人がいるだろうが，ごく一部とはいえ，法や警察力は必要ないと論じてきた人もいる．

公共財

純公共財は伝統的に二つの特徴で定義される．第一に，純公共財は同時供給される．これは，他人に供給せずに，一人の人間だけに供給され

るということはなく，しかも，一人が消費しても，他人の消費を減少させない財である．この条件は非競合性の条件とも呼ばれる．第二に，純公共財は排除不能である．すなわち，もしその財が生産されると，誰もそれを利用することから排除されない．このことは，誰もその使用に対して料金を請求されることがないことも意味する[5]．

以上のように純公共財を定義したが，二つの特徴は多かれ少なかれどのような公共財でも満足されるだろう．交通量が殆どない道路の場合，車が増加しても他の車に影響を及ぼさないだろう．しかし，渋滞の場合は，（定義により）増加した車は他の車に影響する．排除は程度の問題でもあり，通常は，いくらかの費用で，人々を排除することが可能である．もし道路が殆ど使用されないなら，排除された人や車の排除費用は高くなり，恐らく，料金収入を超えるだろう．交通量の多い高速道路の場合は逆になる．

昔からある純公共財の例は灯台とか国防である．文献で他の例に滅多に出合わないという事実は，他に適当な例があるのかどうかという疑問を人に抱かせる．他の例としては，政府自体が，あるいは，少なくとも法と秩序の備えがしばしば挙げられる．しかし，それは純公共財ではない．何故なら，法廷を利用するには金がかかるだろうし，警察による保護はしばしば金で買うことができる．

公共財の別の定義は，人々は金を払わずにそれを楽しむことができるというものである．これにも程度の差がある．財やサービスは無料で供給されるだろうし，別の定義によれば，それらは，このときは純公共財になるだろう．民間部門で生産できるが，もしそれが100パーセント補助金を受けているなら，依然として公共財である．しかし，財によっては，一部補助金を受けているだけだろう．この場合，我々が，公的補助の程度の見地から，公共性を定義するよう求められるのは論理的必然性だろう．

英国の国民医療サービスを考えてみよう．保健サービスは昔の定義とは非常に違ったものになってしまった．今では，大勢の人の面倒を同時

---

[5] P. A. Samuelson (1954).

に見たり看護したりすることなく，一人の面倒を見，看護することができる．病院の予約リストを見れば明らかなように，誰かが多く利用すると他の人の使用が制限されてしまうということはない．排除可能性は問題ではなく，それゆえ，料金が請求される．それでも，保健サービスはその費用のかなりを補助金に依存し，サービスの殆ど全てが公共部門で生産されている．事実，大部分の国で，保健衛生と教育は公共支出の非常に大きな部分を占めるが，（汚水や汚染といった）古くからある公衆衛生部門は別にして，これらは，昔からの公共財ではない．これらに対する補助は，通常，再分配の理由で正当化されるが，再分配的な要素は，公的生産が行われなくても，かなり簡単に再生産することができる．

教育の場合，再分配の議論は，貧しい人々には十分なゆとりがないというだけにとどまらない．両親の中には，たとえ経済的に可能でも，その子供たちを適切に教育できない人たちがいるだろうという理由で，初等教育は強制的になる．補助金がなければ人々が十分消費しないだろうという理由で，補助すべきであると考える財を，経済学者は「メリット」財と呼ぶ．それは積極的な家父長的温情主義の一種で，いくつかのドラッグを不法とする消極的な家父長的温情主義と同種のものである．しかし，もし教育が，特定の年齢まで強制的に行われるべきなら，それは無料でなければならない．それでも，教育は依然として伝統的な公共財ではない．両親に，民間部門で生産された教育を買うことができる教育引き換え券を与えることができる．教育引き換え券はお試し期間用であったりするかもしれないし，そうでないかもしれない．

伝統的な定義で引き合いに出された財は，その販売だけでは費用を回収できない財であった．準備すべき量が（国防の場合のように）状況に応じて変化するものは，いくら準備したらよいのかを知るのが非常に難しい．理論的には，たとえば，一戦闘機中隊の限界費用は，各人がその中隊を持つのに支払う意思がある額の合計だろう[6]．それを見つけ出すのは，もちろん，不可能である．そのため，国防予算は，経済学者がろくな意見を殆ど言えない政治問題の一つである．

---

6) これは，理想的には，効用の見地から数式で示さなければならない．

ここまで寄付による公共財の供給を考えてこなかったが，こういうケースは確かにある．連合王国では，輸血のために血液が集められ，救命ボートサービスは寄付によって財政的に維持されている．米国では，公共テレビ放送が同じように財政で賄われている．しかしながら，これらは稀な例である．もっと頻繁に発生するのは，受益者がそんなに多くないために相互の協議が不可能な，比較的限定された公共財である．昔からの例としては，ヒューム（Hume 1740）が提起し，最近，ジーン・ハンプトン[7]が精力的に分析した，共有地の灌漑に関して合意に達しようと試みている村人たちのケースである．

二人公共財問題の一例は二軒しか利用しない道路の補修であろう．二軒は共に道路を使用する権利を持ち，両家計は補修費の半分を負担する意思があるとしよう．これは，それぞれにとっての最良の戦略が何もしないことであるという点において，囚人のディレンマと言えるかもしれない．何故なら，相手が道路を補修するかもしれないし，そうでなければ，道路補修費用の全額を一人で払うよりは泥んこ道の方がより良い結果だからである．この例は，このような状況を一回限りの非協力ゲームとしての囚人のディレンマとみなすことの馬鹿さ加減を描いている．二つの家計は，確かに協力し，それぞれがどの位負担すべきかについて交渉するだろう．没収口座[訳者注]が利用できるので，不信の問題を考える必要はない．したがって，このケースは，拘束力を持つ協力交渉ゲームとなるだろう．このようなゲームは本書の目的から余りにも外れるので，検討の対象にならないし，また，私の能力を超えている．

---

7) Hampton（1987）．ジャセイも民間による公共財の供給を詳細に検討している．Jasay(1989)，特に第6〜8章を参照．両者は多数の参考文献を紹介している．

訳者注 escheat account の訳．契約に際し，当事者が同意した支払を行う口座．支払には当事者全員の同意が必要である．契約で定めた期間を経過すると，口座は無効となり，残額は出資に応じて当事者に返還される．契約者が確実に契約を履行することを保証する口座である．なお，日本では，このような複数人名義の口座開設は一般に認められていない．

非協力ゲームが囚人のディレンマである必要はない．それは表9.5に示すような「チキン」ゲームかもしれない．ここには支配戦略はない．ロウェナは，もしコリンが協力するなら，裏切るが，コリンが裏切るなら協力する．コリンも同様である．もし，泥んこ道を我慢するよりも，それぞれが道路を一人で補修するなら，このような状況は生じないだろう．結果をはっきりさせるために別の考えを導入する必要があるだろう．ロウェナかコリンのどちらかが道路を補修することは可能だが，二人は会って交渉するかもしれない．

私はかつて自分自身が道路補修ゲームに遭遇したことがある．道路の使用権利を持つ家が7軒あった．これらの家の間には社会的関係や仕事上の関係はなかった．私が参加したとき，道路は極めてひどい状態だった．私は補修費用の見積りを入手し，（主要道路からの距離が異なっていたので）各家のために公平な費用分担計画を作成し，それに従って各家庭に手紙を書いた．各家計にとって利益が費用を上回ることは間違いなかったと思う．一軒を除き，全員が同意した．同意しなかった一軒は，残り全員が同意したことを知った後でも依然として同意せず，最後までフリー・ライダーを決め込んだ．残りの人々は，分担金を，はじめに求められた金額の17%増しに引き上げることに同意し，補修が行われた（これは，このゲームが保険ゲームではなかったことを示している）．

図9.5 利得

		コリン	
		協力	裏切り
ロウェナ	協力	3, 3	1, 4
	裏切り	4, 1	0, 0

もしゲーム理論の基準で完全に合理的なら，世帯主はどんな計算をするのだろう．結果は不確かである．合理的な世帯主は，分担金を払わないときの結果の期待利益を払ったときの期待利益と比較する．前者は，補修による利益に，分担金なしで補修が行われる確率を乗じたものである．後者は，補修による利益から，分担金に，分担金を負担したときに補修が行われる確率を乗じたものを引いたものである．相対確率は，あ

る人の分担金が，補修が行われる行われないにかかわらず，全てのケースに対して，全ての差を定める確率である．読者は数値を用いて計算できる．実際のケースにおける私の推計は，フリー・ライダーを決め込むことは確かに最適戦略であるように見えただろうというものである．もし私が正しいなら，状況は囚人のディレンマだったが，それは，無限繰り返しゲームとしてもっともらしくモデル化できていなかった．しかし，一人だけがゲームを適切にプレーした．私は，世帯主の動機を疑わなかったが，ある種の道徳的考慮がある役割を演じたことも殆ど疑わなかった．似たような環境と結果が至るところに転がっていると私は信じる．もし私が正しいなら，これは，多くの公共財が外部の干渉に頼ることなく供給されることを求める人々にとっては良いニュースだが，道徳は合意から生じると主張する人々にとっては悪いニュースである．

　私は，自分が経験した道路補修のケースからもう一つの教訓を引き出したい．その道路を公共のものにする可能性が検討された．しかし，地元の役所は，まず，その道路の基準が，世帯主が適切と考えたよりもずっと高い基準に引き上げられ，それに応じて，費用が高く引き上げられた場合にのみ，この道路を自分の管轄に移しただろう．議論の大勢は，外部の干渉なしに，公共財が供給されることは殆どあるいは全くないだろうというものであった．しかし，政府の干渉は過剰供給になる可能性もある．公共財の供給環境は極めて多様である．妥当な結論として唯一考えられるのは，ありそうな費用と利益はケース毎に現実的に評価される必要があるということである．

公共財と国

　我々は，国が一般に広範な財を供給していることを知っている．その多くは，純公共財として定義されている性質とは非常に異なっている．これらの性質は，そのような財が個人に一つずつ売ることができないことを意味している．しかし，このことは，本質的に公共財である財を民間企業が効率的に供給することが常に不可能であることを意味しない．しかしながら，大きな社会において，全員に保護的サービスを一般的に供給するということが，国に匹敵する何らかの組織なしで行えないのは

確かである[8]．法と秩序に関わる機関——裁判所，警察，刑務所——のサービスは，限定された範囲で販売されるので，完全な純公共財ではないが，ほぼそうだと言ってよいだろう．国防は純公共財で，外交政策を含まなければならない．数は非常に重要である．何かを創り出すために，数人の人が，しばしば，協力的な取り決めに到達しうる．しかし，その数が多いと，フリー・ライダーの問題は，強制力を持つ機関なしでは克服できない．

他にも公共財の例がある．理論上，民間金融機関が貨幣を競争的に供給できるが，殆ど全ての経済学者は，安定した通貨の供給を，究極的には国の責任だとし，公共財と考えるだろうと，私は思う．他の経済的サービスはもっと議論がある．これらのいくつかに関しては第11章で詳細に論じることにする．

安定性，成長，完全雇用といったマクロ経済学の目標は，殆ど全ての人がそれらから利益を得るという理由で公共財に含められるべきだと論じる人がいるだろう．この言い方は，拡大解釈のし過ぎだと私は思う．たとえば，大きな政府を好む人々は，公共財の概念をできるだけ広く取りたいと思うだろう．何故なら，政府の適切な機能は公共財の供給であると広く受け入れられているからである．私はこのような用語上のごまかしによって事前に問題を判断することには反対である．しかし，私は，政府の唯一の機能は公共財の供給であると論じているのではない．

再分配は，全ての人がそれから利益を得るという理由で，一般に公共財であると論じることができないのは確かである．貧困の救済はより良い公共財である．誰もが貧困の減少を望むだろうし，それゆえ，その減少から，恐らくその費用よりも多くの利益が得られるだろうと論じてきた．その場合，貧困の救済は政府の適切な機能とみなされるだろう．

---

8) ロバート・ノズィックは，*Anarchy, State and Utopia* の中で，強力な保護主義的機関が，当初の，競争している私的保護機関の中から，如何にして（恐らくは，規模の経済の結果として）発展し得るかを描写した．このとき，その機関はしばしば小さな国であった．

10
実証的政治経済学

前章までで,国のために意思決定を行う政府についてしばしば言及してきた.政府が決定を行うということは,集団的決定が行われるということである.しかし,集団的決定が実際どのように行われるかは議論してこなかった.ここで三つ質問をする必要がある.第一に,政府はどのようにして樹立されるのか.第二に,政府(または,何らかの統治組織)はどのようにして決定に到達するのか.第三に,政府はどのような原理や目的,もしあればの話だが,に誘導されるのか.これらは全て奥の深い政治的質問であるが,憲法,手続き,政府の目的,経済の働きの間の関係なので,我々には関心がある.これは,政治学と経済学の本質的な接点であり,実証的政治経済学の主題である.

内生化する政府

あまりにも長い間,経済学者は政府(および国)を慈悲深い守護者と考えてきた.政府の唯一の目的は,(恐らくは,観察者やアドバイザーの経済学者によって)何とか定義された人々の厚生を最大化することであった.しかし,最近の25年間で,このナイーブな単純化はあらかた破棄され,政府は今や自分自身の利益と目的を持って,経済の舞台で積極的な役割を演じていると考えられている.

この変化は,1950年代後半に,ダウンズの *An Economic Theory of Democracy* から始まった.しかし,それは,公共選択に関するヴァージニア学派のJ. M. ブキャナンが確立したもので,ブキャナンとタロックの *The Calculus and Consent* (1962) は後のいわゆる新政治経済学の展開に大き

な影響を与えた．新政治経済学は本質的に，経済政策とその方向性を決定する政府の選択を説明しようとしている．研究者の中には，これを政府が自分の効用を最大化する公共選択理論の本質的公理とみなしているようだ．そこでは，効用は厳密に自己利益化され，国民の厚生を含まないか，あるいは，政府は一枚岩ではなく，全ての構成員と全ての官僚は自分の個人的効用を最大化する．政治家と官僚は，この点で，ほかの人と変わるところがないと想定されている．もしこれが公共選択理論の性格を定義するものと捉えられるなら，「新政治経済学」と区別する必要がある．後者は，政府は積極的な役回りを持っており，集団的選択を行う単なる機械と考えることはできないと主張しているに過ぎない[1]．それは経済アナリストやアドバイザーに政府関係者の目的と権力を研究するのが賢明だろうということを教える．個人の効用が唯一の目的であると仮定することは，人々の利益のための経済政策の如何なる改革も説明できず，経済政策を推進しようとするのは無駄である．

　第1章の個人効用に関する議論において，効用関数を整合的な選択順序と定義した．選択の背後にある動機を分析する必要はなかった．これは，整合性は行動を予測するに当たって，殆どあるいは全く価値がないからであった．さらに，実証的経済学者は，たとえば，タバコの価格をいくら上げたら，喫煙を減少させられるかといった集計された行動に関心を持っている．特定の人がタバコを止めるかどうかといったことには関心がない．しかし，一人もしくは数名の政治家の行動が問題になるときは，この関心を変える必要がある．政治経済学者は，今まで生じたことがなかったような環境において，一人のあるいは一握りの人々の行動を予測したり説明したりしようとする．そうしたとき，政治経済学者が，政治家の唯一の関心は自分自身を富裕にすることであると仮定するのは

---

1) 何人かの理論家は，政府が単に競売人や手形交換所として機能していることをもって，政策が「政治的市場」において，特殊な利益に関する競争から生じていると想定してきた．これは，政府に関する慈悲深い守護者理論よりもいっそう非現実的に見える．これに関してはBhagwati（1990）を参照．

正しいだろう．しかし，同時に，政治家は，人々の厚生を時として第一に考えているという可能性もある．この二つの考えは共存する．様々な国において，この二つがどのような比率になっているかは，間違いなく，非常に議論の分かれるところである．

さらに先に進む前に，様々な国における選択を考察し，もし可能なら，説明することによって，それらの国の間の違いを明らかにしなければならない．

民主的政府と強権的政府

民主的政府を，承認された手続きに従って，人々の投票により，平和的に樹立され，また，解散させられる政府と定義する．人々とは誰か．言い換えると，誰が投票権を認められるのか．アテネは最初の民主制社会だが，奴隷は除外されていた．スイスは，つい最近まで婦人に投票権がなかったが，長く民主国家と考えられてきた．分析の際の問題は，党派を作ったり，政党の中央委員会として行動するには投票者の数があまりにも多いということだけである．

正反対の極に純粋な独裁制がある．独裁者は全ての権力手段を効果的に統括する．彼は，軍隊と警察の忠誠を確保しなければならないが，それ以外は誰の世話にもならない．独裁者の目的は，自分自身とその家族を裕福にすることから，大量虐殺のような何らかのイデオロギーで決定された計画までの範囲を含む（し，含んできた）だろう．その中には，しばしば他の目的のための手段なのだが，（自分自身が定義した）人々の厚生さえ含まれることがある．

より程度の弱い独裁制もある．一党独裁制の中央委員会の議長は，党のエリートの間で何らかの合意を得る必要性があるために制約を受けたり受けなかったりするだろう．しかし，選挙が行われないとか，不正な選挙が行われる場合，政府は本質的に独裁的であり，純粋な独裁制に近づく．そのような政府も自治権があると言われる．すなわち，それらは自分の目的を追求する自由を持つ．ここではそのような独裁的政府が如何にして最初に樹立されたかについては考察しない．

一つの本質的な違いは，民主的に樹立される政府はその継続的な存在

を投票に依存するという点である．選出された政府の権力は，再選挙の必要性，すなわち，投票者を喜ばせる必要によって制約される．しかし，それは国の制度にも制約される．それは憲法に縛られるだろう．憲法は合法的に変えられるだろう．しかし，もしそれが尊重されないなら，本書の定義によって，政府は民主的とは言えなくなる．たとえば，1975年のインドにおけるガンジー夫人による非常事態宣言は，たとえそれが技術的に合法だったとしても，憲法の精神に反していた．非常事態が宣言されていた期間中，政府は民主制を停止した．何故なら，民主制に取って代われるのは，彼女の同意もしくは武力だけだったからである．

官僚主義も政府を制約するだろう．政治学を学ぶ学生は，彼らが「官僚的独裁者」と呼ぶ混合国家を区別した．政府は，相対的に独裁的だろうが民主的だろうが，現れては消えていくが，官僚制は，永遠に続き，政府を拘束し，自分の目的や富や権力や彼らの存続を追求しうる力を獲得するだろう．

この厄介な問題は，投票が民主的な国の本質的な手続きであるという事実を変えない．政府は投票によって樹立される．もちろん，投票は，補助金を受けている多くの組織において，集団的選択に至る慣習的な方法でもあり，これは，国民政府自体が独裁的であるとき，ある程度まで正しい．我々は，経済政策が実際どのように策定されるかという議論に戻る前に，投票と集団的選択の分析に目を向ける必要がある．

集団的選択と投票

人々が選択肢の間で様々な選択を行うとき，集団的選択を何とか可能にするために人々の選好を融合するにはどうしたら良いのだろうか．投票は普通の方法である．それは非常に優れた方法ではないだろう．三人の投票者——A, B, C——と二人の候補者——X, Y——を考えよう．Aは賢く，十分な情報を持ち，熱心にXを望んでいる．BとCは，共に温厚で，深く考えないでYを選好し，合計でAを上回る．

三人の候補者——X, Y, Z——がいるときの投票はもっと疑わしい．この場合，1785年にコンドルセが発見し，ダンカン・ブラック（Black 1948）が詳細に検討した，有名な投票の逆理が生じるだろう．AはYよりもX,

ZよりもYを選好し，BはXよりもZ，YよりもXを選好し，CはZよりもY，XよりもZを選好する．候補者を二人ずつ比較した場合，投票者が選好通りに投票するなら，多数決で，XはYを上回り，YはZを上回り，ZはXを上回る．もし候補者二人ずつの組が全て考慮されるなら，候補者はぐるりと一回りして，どの候補者も選ばれない．もし多数決が集団的または社会的選好と解釈され，選好の推移性が公理として採用されるなら，矛盾に突き当たることになる．

もし，選挙を保証するために，負けた候補者が次の選挙で除外されるなら，選挙は投票順序に依存する．もしXとYが最初に投票にかけられるなら，Yが除外され，Zが選ばれる．もしYとZが最初に投票にかけられるなら，Zが除外され，Xが選ばれる．もしZとXが最初に投票にかけられるなら，Xが除外され，Yが選ばれる．投票順序を支配する人物が自分の望む候補者を勝たせることができるのは明らかである．

投票の逆理はK. J. アロー（Arrow 1951）によって一般化された．少なくとも二人の選択者と三つの可能性があると仮定しよう．各選択者は，可能性に関し，整合的な（推移的かつ反射的）順序を持つと仮定しよう．順序は制限されない．問題は，もし各選択者の順位において，XがYよりも高くランクされるなら，社会的順位においてXはYよりも低くランクされてはならないといった，個人の順位に対応する特定の明白な規則を破らない，整合的な集団的順位を構築できるかどうかということである．その答えは，ある選択者の順位と偶然一致しない整合的な社会的順位は不可能であるというものである．そのような順位は独裁的であるとみなされる．これは，非独裁的な社会厚生関数は不可能であるという命題で広く流布している[2]．

---

2) 私の議論は厳密ではない．アロー自身の説明よりもずっと分かり易く，かつ，より厳密な説明に関しては，William Vickrey, "Utility, Strategy, and Social Decision Rules," *Q. J. E*. Vol. 74 (1960) を参照．この論文は，Barry and Hardin (eds.) (1982) に採録されている．この本には，アローの理論に関する私の批判，"Social Choice and Individual Values" (1952) も採録されている．アローの定理の証明は，「無関係

アローの定理は多大の興味を引き，それを回避しようとする試みに関して大量の研究を生み出した³⁾．これは，ルソーの一般意思が無価値であるという重要なイデオロギー上の意味を持つように見えたからでもあった．しかしながら，他の人は（私もそうだったが），これを確信するのにアローの証明を必要としたと考えなかった⁴⁾．

投票の逆理とアローの定理の実際的な重要性もごく僅かである．これには様々な理由がある．しばしば，二つの選択肢しかない．もっと多くの可能性があるとき，二つの選択肢毎の投票は，（投票手続きが，投票の逆理に気づいている教養の高い人によって決定されるので，採用される可能性はある程度あるが）稀である．連合王国の選挙民は，保守党，自由党，労働党を順位づけるようには求められない．仮にそうだったとしても，大部分の選好は矛盾を除外する単峰型になるだろう⁵⁾．最終的に，選挙民は，戦略的投票か結託⁶⁾に熱中することになるだろう．これも投票の逆理を排除するだろう．投票に関しては膨大な研究があり，ここでその微妙な区別全てを紹介することはできない⁷⁾．とりわけ，比例代表

　　な選択肢からの独立性の条件」，すなわち，投票の逆理を生じさせる可能性に関し，二項比較以外の順位づけ手続きを除外する公理に依存する．Buchanan and Tullock（1962）Appendix 2 を参照．

3）　それは三つのノーベル賞を生んだ．余りにも多くの優秀な人たちがごく僅かな重要性しかない事柄にそんなにも多くの時間を費やしたなどということは滅多にないことである．

4）Little（1952）参照．

5）　選択者が，自分にとって一番の選択により近い可能性のある選択肢をより可能性の低い選択肢に比べ常に選択するという方法で，選択肢を一直線上に並べられるなら，その人の選択は単峰型である．こうして，もしXYZの順で可能性を調整できるなら，単峰型選好となり，Xを第一位にする選択者は，Yの前にZを選択してはならない．こうして，XZY，およびZXYも同様に，除外される．これは，ダンカン・ブラックが発見したように，投票の逆理を生じさせない．

6）　結託とは，悪くない利益と引き換えに，投票を変えるよう人を説得することである．

7）　読者は，Dennis C. Mueller, *Public Choice II*, 1989 を参照されたい．

制という重要な問題が無視されている．公的な集団的決定に到達する方式として単純多数決投票の望ましさを考察するとき，特に適切と思われる，その二，三の特徴を選ばなければならない．

全員に等しく課税して財源を確保するが，利益は全ての人に等しく行き渡らない公共事業があると仮定しよう．そのような事業は，その総費用が総利益を越えたとしても多数決で賛成されるだろう．これはかなり一般的だが，三人のケースで簡単に説明できる．費用が99で，A, B, Cがそれぞれの課税額に33ずつ上乗せされるとしよう．AとBはそれぞれ40の利益を得るので，事業に賛成票を投ずる．Cは何も得られない．総利益は80だけで，費用は99である．AとBはそれぞれ純利益7を得，Cは33の損失である．A, B, Cの間では金が同じ価値を持っていないとして，直ちに反対されるだろう．CからAとBへの再分配が望ましかったかもしれない．しかし，良い結果をもたらすもっとよい方法がある．CはAとBに，たとえば，10ずつ与えると，全員がこの事業よりもより良くなる．

J. de V. グラーフ（Graaf 1962）は，人気の役割を分析した．彼は，ある事業，あるいは政策の変更が人気を得るかどうかは大して関係ないと論じた．人気は決して事業を推奨する十分な理由でないし，不人気が事業に反対するための十分な理由でもない．特に，上述のケースのように，事業や政策は分配上の理由でのみ人気が出るだろう．そのケースでは，事業が実施されなかった場合の再分配が考察されなければならない．私は，一般的には有害だが人気のある事業の実施は民主的意思決定の重大かつ共通の欠点であると信じる．

投票は何を分配するにしても悪い方法である．一山のマナ（神から恵まれた食物）があるとしよう．その権利を主張する者が二人いるなら，唯一の多数決は両者が合意するときだが，これは，自己利益追求に基づく合理性の仮定によって排除される．次に，三人の権利主張者—— A, B, C——がいるとしよう．任意の二人，たとえば，AとBがそれぞれ半分を得，Cには何も残さないように投票することができる．しかし，そ

この書も多くの参考文献を掲載している．

のとき，CはA（またはB）に近づき，たとえば，Aは51/100，Cは49/100取るが，Bには何も与えないという提案をするだろう．Aは受け入れる．しかし，BはそこでCに近づき，二人で折半し，Aには何も残さないと提案できる．解答はない．所得や富は一般に，民主的投票によって割り当てることができない．これは合意に至る道からはかなり離れており，ダン・ウシャーの忘れられた著作（Usher 1981）の中で説得力のある探求が行われている．この問題は，第11章で改めて論じる．

多数は少数を専制的に搾取するとしばしば指摘されているが，上記のケースでは，固定された多数は存在し得ない．如何なる提携も別の人によって覆されうる．投票の逆理は，実際，多数の横暴に対する安全装置として賞賛されてきた．「（多数決による）決定が形式的に整合的でないという事実は，この種の投票制度の悪用に対する最も重要な安全装置の一つとなる[8]．」

それにもかかわらず，社会的あるいは民族的理由で，投票において効果的な提携を傷つけない少数派が存在する可能性がある．選挙で選ばれた多数派の政府は，たとえば，特別な目的税によって，少数派を搾取することができる．これは，選挙で勝った多数派が実質的に所得を割り振る場合である．所得や富の民主的な割り当ては，不可能か望ましくないかのいずれかであるように思われる．少数派は，投票の逆理だけでは十分に保護されないだろう．彼らは，そのとき，人々に対し，あるいは，社会的，文化的，民族的に定義された人々のグループに対し，個人や政府がやってくれると期待できることなどないという見解を全面的に受け入れなければならない．ここには，狙い撃ち課税とか自由に対する制限が含まれるだろう．これは，貧しい人々よりも金持ちにより多く課税することを排除するものではない．何故なら，貧富を基準としてグループや共同体は形成されないからである．しかし，政府は，農民，労働組合員，零細企業者といった特別な利益を持つ定義可能なグループの所得に直接影響する決定を行うこともできる．そのような局部的な割り当ての結果については第11章で論じる．

---

8) J. M. Buchanan（1954）．

政府による全国的な事業または政策に対する直接投票は，富の分配に影響するが，民主制では通常行われない．投票者は政党を選択し，それが単独もしくは連立で政府を構成する．二つの政党が存在し，一つは富者に最もアピールし，他方は貧者に最もアピールする．中間には支持政党なしの投票者もいる．これは，マナの山を分けようとしている三人の人のように見える．幸運なことに，富はマナのようには簡単かつ迅速に再分配されず，分配以外の問題がある．だから，支持政党なしの投票が変わるので，選挙の後で，常に，富者は貧者になり，貧者は富者になるという状況にはならない．しかしながら，政党は，中位の投票者の関心を惹きつけることに集中すると広く信じられている理論がある[9]．

中位の投票者とは，自分よりも裕福である人々と自分よりも貧しい人の数が同数である投票者である．101人の投票者と二つの政党があるとしよう．貧しい50人は，貧者寄りと思われる政党に投票すると予想され，裕福な50人は富者寄りと思われる政党に投票すると予想される．両政党は，そのとき，中位の投票者の支持を得ることだけに関心がある（もし投票者の数が偶数，たとえば100なら，貧者寄りの政党は，貧しい方から数えて51番目の投票者を獲得しなければならず，それは富者寄りの政党にとっては50番目の投票者である．）．所得分配が時間の経過と共に，中間の所得を持つ人々に有利に変化してきたという統計的な証拠があるかどうかについては，私は知らない．この理論を検証する試みはミューラーが論じている (Mueller 1989)．多くの政党と多くの問題があるときは，中位投票者の理論はその単純な説得性を失う．そして，いくつかの国では，実際，特定の地域，民族，社会，言語，宗教グループにアピールする多くの政党が存在する．インドはこのような民主制の極端な例である．

投票の問題を離れる前に，別の重要な逆理に注意しなければならない．もし人々が合理的で自己利益を追求するなら，潜在的な投票者が非常に大いときは，国政選挙あるいは如何なる選挙においても決して投票しないだろう．任意の一票が結果に違いをもたらすチャンスは非常に小さい

---

[9] 経済学者ハロルド・ホテリングはこの定理を "Stability in Competition," *Economic Journal*, 39, March 1929 で初めて発表した．

ので、確かに、投票所や郵便ポストに行くのに必要とされる努力に見合う価値がない。もし全員がこのように純期待利益を計算したなら、誰も投票しないだろうと反論されるだろう。この場合、全員の投票は決定的だろう——新たな逆理である。しかし、何度も繰り返される国政選挙において、人は極端に低い期待見返りしかない均衡に到達し得る。その見返りは、ちょうど、投票するに価する十分に低いものである。分岐点はこれよりもずっと高く、それゆえ、人は、投票者は明らかになった自己利益以外の理由で投票すると結論しなければならない[10]。投票者は、たとえば、投票するのは国民の義務であると信じているだろう。最後に、投票者に、一瞬の判断だけで、結果が本人にとって最良の利益をもたらすというのは合理的でないということに注意すべきである。中位投票者定理のような、かなりの理論化も、十分な情報を持ち、自己利益を追求する個人の合理性に依存する。情報が著しく乏しい投票者を前提にした理論は、投票者は最も粗雑なプロパガンダに影響されるだろうことを示唆している。

絶対専制主義的な政府の下での経済政策

公共選択の説明は、政府の専制の程度に応じて様々だろう。専制度が強ければ強いほど、最高権力者とその重要な支持者——取り巻き、エリート官僚や軍——の重要性が増す。収入は、独裁者や友人の私腹を肥やすために必要なので、主要な関心事であるように思われる。巨大な資本集中型事業はキックバックが得られるので好まれるだろう。軍は、自前で武器生産を可能にする生産能力に結びつく鉄鋼その他の工業化事業にも関心を示すだろう。さらに、専制度が強まれば強まるほど、ドグマが重要な役割を演じる余地が増える。多くの人の厚生は、権力の地位にとどまるための手段として認識されているにしても、主要な検討課題にはならないようである。

---

10) 国政選挙における投票の分岐点を説明しようとする試みが数多く行われてきたが、どれも説得的でない。Green and Shapiro (1994)、第4章を参照。

以上の想定は，近年，発展途上国だけでなく，様々な国で実際に発生している．何億ドル，あるいは何十億ドルも自分のために貯めこんだ独裁者が何人もおり，その中には，同時に，大衆の生活水準を停滞させたり，大幅に低下させたりする政策を採用した者もいる．しかし，全ての独裁制が同様であるというわけではない．韓国，台湾，シンガポールは，その前代未聞の成長（と貧困の克服）において，効果的な独裁制であった．いわゆる「四匹の竜」の四番目の仲間である香港は，専制的政府を持つ英国女王直轄植民地だった．また，ピノチェト将軍は，反対者に対する彼の抑圧がどんなに酷いものであったとしても，チリを経済的成功と貧困克服の軌道に乗せる政策を始めた．独裁者は，大部分の人の生活水準を向上させる経済の繁栄が，自分自身と自分に近い支持者の一貫した富裕化に最も繋がるものでもあるということを理解できるだろうと思われる．しかし，独裁者は理解しないのだ．一般に正しいと思われていることが，本質的に専制的な政府には当てはまらないというのが結論であるように思われる．様々な欲望と信念を持つ個々人の重要性は余りにも大きい．だからこそ，多くの政治経済学が民主制だけに関心を払っているのである．その殆ど全てが専制的である発展途上国については，以下で更に考察する．

民主制の下での経済政策

投票で勝利を得なければならないより専制度の少ない政府に話を移そう．そのような政府の中で，比較的同質的な有権者を持つ政府と，部族，人種，言語，宗教，継承した文化に基づく，特別な利益を持つグループが多数存在する政府の間には，他にも重要な違いがある．このような有権者は「党派」的と言ってよいだろう．前者では，人々の間の政治的関係の違いは，主に，被雇用者か雇用者か，あるいは，自営業者であるかないか，資格を有する職業に就いているか臨時雇いであるかといった，富と経済的地位の違いである．そのような経済では，主要な政党が二，三しかないことが多く，その支持者は，主として，富と経済的社会的地位で異なる．後者では，政府は，しばしば，二，三の，または多数の，様々な党派を代表する政党の連立になるだろう．経済環境——マルクス

主義者がしばしば言う生産関係だが——は，有権者が相対的に同質的であるとき，経済政策の主要な決定要素の中で最も重要なものである．有権者が異質なときは，党派の利益がより狭い経済的利益と相容れない傾向がある．北米と西ヨーロッパの古い工業諸国の大部分は，日本も含め，相対的に同質的である．これらの国は民主制でもあり，その歴史も既に長い．公共選択理論と新政治経済学が主として工業諸国に適用されてきたのは偶然ではない．殆どの発展途上国は，工業諸国よりも異質性が高く，過去50年にわたって，殆ど独裁的であった．これらの国の政治経済は，それゆえ，工業諸国の様相とはかなり異なっている．これらについては以下に一節を設けることにする．

政策とその傾向に関する政治経済的説明のモデル化

民主的政府の主要な目的は権力の座にとどまることである．政府は一般に無組織の投票者に対応するが，同時に，特別な利益を持つ組織化されたグループにも対応する．後者は投票者にも影響する．しかしながら，政府には，人気がないと思われる自分自身の目的を達成するために，あるいは，法に基づくか贈賄かを問わず，様々な方法でロビー活動を行う特別な利益団体を満足させるために「投票の機会」がある．問題をいっそう複雑にするのは，政府は通常一枚岩ではないということである．政府は様々な省庁からなり，それらは多分自ら明確な責務を持っている．問題が提起され，決定に至る制度的な手続きもまた政府によって異なる．個々人は，その選好を，あれこれの政党に投票することで経済的に表明したり，政党や候補者に献金したり，影響力のあるグループに参加することで，やや非経済的に表明するだろう．

以上のことから，政治的な決定と結果は，様々にモデル化することができ，しかも，個人や組織の行動に関する仮定を変化させると様々なモデルの働きに影響することは明らかである．そのようなモデルの多くは，最近の調査や教科書の中で議論されている．多くは中位投票者定理を組み込んでいるが，そうでない場合は殆ど統一性がない．中には，中位投票者を平均投票者に置き換えることは公共選択理論の主要な理論的貢献であると言いたがる者もいる．もっと重要なことは，期待される政府の

行動を，経済政策の体系に関するあらゆる分析の中に持ち込もうとする動きがあったことである．様々なモデルと応用は，本書のような入門書が取り上げるには余りにも数が多すぎる．詳しくは，D. C. Mueller (1989), Torsten Persson and Guido Tabellini (2000), Allan Drazen (2000) を参照されたい．ここでは，民主的工業諸国に関する研究の中で大いに研究されてきた二つの問題，すなわち，保護政策と政府の拡大だけを取り上げる[11]．

工業諸国における保護政策の政治経済学

保護政策に対する標準的な説明は，それが所得の分配を政治的影響力を持つ分配に変えてしまうというものである．その理論は，ストルパー－サミュエルソン定理[12] と中位投票者定理から導かれる．資本労働比率が比較的高い米国のような国は，賃金が比較的高く，労働需要を和らげる相対的に労働集約的な財を輸入する．輸入関税や輸入割当は，それゆえ，資本に依存する人々に比して労働に依存する人々の方に有利だろう[13]．中位投票者は，その才能が平均よりも労働集約的であり，それゆえ，保護政策を好む．アルゼンチンとオーストラリアの厚い保護政策も農民から工業労働者への所得再分配の手段と説明される．

米国の保護政策の特徴は，少なくともこの理論と整合的である．かく

---

11) しかし，政治的組織の効果の計測の研究の方が，恐らく，もっと成功している．たとえば，米国の州知事が再選されるかどうかは，州税と支出の決定にある程度の影響を持っているように見える (Timothy Besley and Anne Case, 1995)．また，公式に財政要求を表明することは財政的調整を加速させる(James M. Poterba, 1994)．米国の多くの州は，政治経済，および，他の社会学的または純粋に政治的な関係を調査する場合，非常に協力的である．

12) W. F. Stolper and P. A. Samuelson (1941).

13) 別のある3要素モデルでは，関税が，特定の産業において，両要素に対する利益を増大させるという結論を導くことができる．保護政策に対する政治的決定の様々なモデルの調査に関しては，T. N. Srinivasan (1991) を参照．

して，保護政策は労働の相対的強さと共に長期にわたって低下してきており，労働集約的産業が最も保護されている．保護政策は不況時や交易条件が向上するときに増加する．不況時や交易条件の向上は，どちらも，労働に不利に働く．しかしながら，この理論では，保護政策に対する民主党員と共和党員の異なる政治的態度や，共和党の大統領は，例外なく，民主党の大統領よりも保護主義的であるという事実を説明できない[14]．

米国砂糖産業に対する保護政策に関するアン・クルーガーの研究[15]は，保護政策に対する如何なる理論的説明の成立可能性にも疑いを投げかける．経済に対する費用は巨額になるが，何がしかの利益を手にする人など殆どいないといってよい．実際，この保護計画のためにロビー活動をした人の多くは，納得しうる利益を上げることが期待できなかった．彼女が指摘する主要な論点は，計画は時間と共により複雑になり，予想していなかった支持者を集め，更なる干渉へとつながる予期しない結果を生み出し，その複雑さを理解する人々に既得権を作り出しがちであるというものである．

最後に，保護政策をその分配効果によって説明することは，基本的には満足すべきものではない．いずれにしても，経済学者にとってはそうである．何故なら，再分配は，常にではないが，通常，保護政策によるよりもむしろ補助金によってより効果的に獲得されるからである[16]．そこで，「政治家が，たとえば，衣服加工労働者からの直接的な支持を取りつけるよりも関税や非関税障壁（NTB）を選好するのはなぜなのか」という疑問が生じる．多分，その理由は，補助金は，それが納税者の金を犠牲にしているという広く行き渡っている理由で攻撃される可能性があるが，シャツの価格をちょっと上げることに反対するロビー活動を組織するのは難しいというものである．しかし，これは推測である．経済効率と政治的に認められる人気との間の衝突に関して，より一層の研究

---

14) Stephen P. Magee, "The Political Economy of US Protection," Herbert Giersch (ed.), 1987参照．
15) Krueger (1990).
16) これは，Dani Rodrick (1995) が強調している．

が必要である.

工業諸国における政府の拡大

政府の拡大は多くの人から警告を受けてきた.表10.1は,米国と,米国を除くOECD諸国における政府最終消費と社会保障移転に関するいくつかの数値を対GDP比(%)で示している.政府最終消費は公共財の現行の供給にかなり近い数値を示している.それは投資と公的債務に対する利子を含む全ての移転を除外したものである.社会保障移転は別に分けてある.米国を除くOECD諸国の数値は加盟国の単純平均であるが,増加傾向が認められる.全ての国で,公共財の供給の増加が顕著である.

表10.1 OECD諸国の政府支出対GDP%

		1960	1974	1985	1989	1995
政府最終消費	米国を除く	12.3	14.8	16.2	15.4	15.9
	米国	16.6	17.6	17.8	17.2	15.8
社会保障移転	米国を除く	8.5	11.3	15.3	14.8	17.6
	米国	5.1	9.6	10.8	10.6	13.1

第二次世界大戦前,公共財と社会保障の双方に対する支出はずっと少なかった.戦争は,政府は何ができ,何をすべきかに関する人々の考えに革命を起こした.多分,ラチェット効果もあるだろう.政治的には,サービスを作り出す方が減らすより簡単である.しかし,これらの効果は1960年代まで続いた.健康,教育,住宅建設において主要な新しい公共サービスが誕生した.米国を除くOECD諸国では,公共財の供給が,1960年から1995年までの35年間に,防衛支出が大幅に減少したにもかかわらず,GDPの12.3%から15.9%に上昇した.米国では,公共財の供給は若干減少したが,もし防衛費の大幅削減がなかったら,かなり増加しただろう.その増加は,連合王国その他の多くの国が支出削減に積極的だった1985年から89年までを除き,ずっと続いた.その比率は,1989年から1995年にかけて,大部分のOECD諸国で再び増加したが,米国では,主として防衛費の削減によって,1960年代の水準以下に減少した.

米国を除くOECD諸国では，需要側に防衛支出を除く公共財と公共サービスの支出増大を求める理由があるのだろうか．公共財と公共サービスに対する需要の所得弾力性の推計値は1からそんなに離れていないことを示している．したがって，価格が変化しなかったとしたら，需要は国民所得と同じ比率で増加してきたと言えるだろう．しかし，公共部門の生産性の増加率は，民間部門のそれよりも低い．それゆえ，公共財と公共サービスの費用は，相対的に増大しているに違いない．需要の価格弾力性が1より小さくなるので，需要が増加していることを意味している．これは，「ボーモル効果」として知られている．この点について，D. C. ミューラーによれば，この効果はOECD諸国における公共財支出の増大の約四分の一に匹敵すると言う[17]．ここには，説明の必要なことが沢山残されている．一時的な問題の中には，人口の老齢化と家族生活の崩壊が含まれ，それらは共に国が供給する公共財に対する依存度を増大させる．

もし政府が，1960年代に供給した公共財に対する需要ほど供給してこなかったなら，支出は実際の増加の約四分の一だけ増加したに過ぎなかっただろうというのが，ボーモル効果が言っている本質である．残りは，一部は利己的な官僚のイニシャチブによって，また，一部は特別な利益による強力なロビー活動によって明らかになった大衆の意見に部分的に対応してきたからだろう．たとえ主たる原因が，大衆の意見への対応——投票を得るための政府の願望——だったとしても，需要の増加が人々の長期の厚生（あるいは，同じことだが，国富）にとって望ましかったと言えるわけではない．たとえ人々が費用に関して十分情報が与えられていたとしても，人気は，既に見てきたように，事業や政策が国富にとって望ましいものであるための十分条件ではないだろう．

公共財と公共サービスに対する需要を考察してきた．しかし，それらは，税で支払われなければならない．それゆえ，課税を積極的に受け入れる意思も考慮されなければならない．民主的政府は，良質の公共サービスによって投票を獲得すると同時に，増税によって投票を失うことも

---

17) D. C. Mueller (1989), 322-6ページ．

考える．政府は，高い課税は労働やリスクを背負うインセンティブを失わせ，その結果，生産と成長を減少させることも考慮するだろう．これらの関係の緊密さは，大いに議論されているが，評価が極めて難しい．我々は，十分考察された見解を述べるに必要なスペースと専門知識を欠いている．

　課税もまた，もちろん，公共支出の他の主要項目――社会保障移転――のために必要である．それは公的年金，扶養家族手当，老齢手当，身体障害者手当，失業手当を含む．表10.1が示すように，それらは公共財よりもずっと速いスピードで増大してきた．米国を除くOECD諸国では，対GDP比率が，1960年から1995年の間に，8.5％から17.6％へと2倍になった．個人的移転の主要な理論的説明は，説得力に欠けるとはいえ，中位投票者定理である．n人の投票者と$100n$ポンドの国民所得があるとしよう．中位所得は100ポンドである．一人当たり1ポンドの補助金が与えられ，その資金は1％の所得税で集められる．所得が中位より少ないなら，人は補助金として1ポンドを得，1ポンド以下の税金を支払う．それゆえ，もし所得順位の真ん中の所得が中位所得より低いなら，真ん中の投票者は利益を得る．それゆえ，増税と補助金の組み合わせが獲得投票を決める．これは移転を説明するが，移転の変化は説明しない．真ん中の所得が中位所得に等しい均衡分配から出発した場合，富者の所得の増加は真ん中の所得を中位所得以下に押し下げ，移転の人気を増大させるだろう．しかし，貧者の所得の低下は，移転を減少させがちなので，反対の結果を招くだろう．それゆえ，平等からの変化はどちらの方向にも進む可能性がありうる．私は，移転の価値を不平等に結びつける決定的な研究を何一つ知らない．これまで再分配的移転と公共財の供給を別個に扱ってきたが，健康と教育の公的供給も再分配効果であり，それを狙って意図的に実施されていることに気づかなければならない．最後に，あらゆる移転が貧者に行くわけではないということに気づかなければならない．たとえば，裕福な老人は国民年金その他の多くの譲渡を受けている．

　国民所得の比率として政府支出を増加させる要因については殆ど知られておらず，しかも，公共選択の研究は大して説明してこなかったよう

に見える．

発展途上国における保護政策と輸入代替

　主として説明すべき事象は保護政策であり，それを取り除く努力である．発展途上国における保護政策は，工業諸国における保護政策に比べ非常に異なる合理性を持つ．後者においては，保護政策のための主たる理由は労働集約的産業における労働者に好意的な再分配であった．殆どの発展途上国では，労働集約的産業は，保護政策の結果として不利な立場におかれてきた．ごく僅かの土地集約的発展途上国においてのみ，工業労働者に有利な再分配を，比較的資本集約的な産業において推進する理由になる．アルゼンチンが代表的な例で，この点でオーストラリアと比較できる．工業諸国はまさに民主制が必要なときに民主制であったが，発展途上国は殆ど全て専制国家であったという事実にも注意した説明が必要である．

　戦後，高関税や輸入割当，もしくはその両方を背景とした輸入代替工業化は，当時植民地だった国が独立するや否や，発展途上国においてほぼ世界共通の政策になった．輸入代替は，大戦間期にラテンアメリカで政策としてある程度スタートしたが，それは，その後に現れたドグマとは違っていた．輸入代替が殆ど世界共通の政策になったのは，発展を速めたいという願望であったが，その背景には，一般には価格メカニズム，とりわけ自由貿易に対する不信感があった．発展途上国の多くの人は，自由貿易は，中央の工業諸国が周辺諸国を搾取する道具であると信じていた．価格メカニズムに対する不信は，1950年代と1960年代初めの開発関連機関で最も影響力のある経済学者の殆ど全員によって助長された．過剰な政府支出は，インフレと国際収支の経常赤字につながった．通貨の切り下げは（製造業者の輸出は影響を受けなかったが）交易条件を悪化させると考えられ，それゆえ，輸入規制が実施された．貿易は，通貨管理と通貨価値の過大評価によって圧迫され，同時に，インフレと利子率操作の結果としての金融圧迫（国民所得に比して低い貨幣蓄積）もあった．結果として生じた資金不足は，比較的資本集約的な産業発展に繋がった．輸入代替は当然と思われ，ドグマとなった．この話は古臭く，

数え切れないほど多くの書物の中で繰り返されてきた.

　新政治経済学はこの話に何もつけ加えなかった.輸入代替の普遍性はいくつかの共通の特徴を探す必要性を生み出した.それらは,(a)開発の原動力,(b)貿易に対する不安,(c)ブレトン・ウッズ体制下で,通貨切り下げの不安と結びつけられた固定為替レート,(d)反貿易の偏見で固まった開発経済学者の悪いアドバイスであった.様々な経済の間の違いと政府の専制度の違いは明らかに無関係であった.カリスマ的支配者が自分の更なる幸運に主たる関心を持っているかどうか,国の独立を守ることに関心を持っているかどうか,人々の厚生を最大化することに関心を持っているかどうかも問題ではなかった.そのような目的全てにとって,輸入代替政策は不可欠の道具と見られていた.それは,約20年間,大部分の国において,分析と批判を黙らせた強力な知的流行であった[18].

　K. Y. インが台湾の経済相であった1950年代,輸入代替の不利益性に気づいたのは興味深い[19].台湾は1960年代に政策転換を行い,まもなく,韓国とシンガポールが従った.全ての国は決断力のある強力な指導者を持ち,彼らは,もっとオープンな政策を追求しなくてはならないということを確信するようになった.人と考えは非常に重要である.しかしながら,これは,専制的政府が改革にとって必要であるということではない.

発展途上国における政治改革

　1970年代と1980年代初期に,多くの発展途上国は,通常は限定された成功によって不承不承,よりオープンで抑圧のより少ない体制を採用しようと試みた.これらの試みは,多くの研究者によって,明確な政治経済学的見解を交えることなく論じられた[20].しかし,多くの国が,しば

---

18) D. ラルは,要素賦存の異なる対立グループが政策を決定する「党派」国家を,労働が豊富な国と土地が豊富な国に分け,発展途上国の保護政策に関するかなり手の込んだ興味深い分析を行っている.D. Lal and H. Myint (1996),特に第6章参照.

19) K. Y. Yin (1954).

しば, IMFとIBRDの指導と条件付財政援助の下で, 貿易と資本移動に対し大幅な開放を特徴とする徹底的な構造改革を試みたのは1982年以降に過ぎない.

　構造改革とは何か. それは良いことなのか. 現在までに, 何が良い経済政策の主要な要素を構成するかに関して, 経済学者の間に広い意見の一致をみている. 政府は, その支出と税金, および外国からの借り入れを, 長期的に継続できる方法で処理しなければならない. 政府は, インフレを年率数％以上になるのを避けなければならない. 政府は, その経済の大部分の分野において, 制度よりも価格メカニズムに対する信頼の方を選好しなければならない. 政府は, 緩やかな関税を課すだけで, 他国との自由貿易を認めなければならない. 政府は, (この点に関しては, 恐らく, 意見の一致は少なくなるが) 資本の自由移動を認めなければならない. ここで考察している構造改革には, 良い政策の要素が一, 二挙げられていないのは明らかだが, 以上のように定義された良い経済政策に繋がるものである. このように示された広範な改革の達成は, 通常, 特に, 市場と経済の諸部門の細かな改革を必要とする. これは政治的には難しいだろう.

　ジョン・ウィリアムソン (Williamson 1994) は, 改革の成功に恐らく最も求められる政治経済学的条件を見つけ出す意図を持って, 17カ国における構造改革を検証した. 政権交代が殆ど予想されない集合, 換言すれば, 改革が固まったように見える場合が成功とみなされる. 成功したとみなされた国が選ばれたが, その中で, ブラジルとペルーの二国だけが疑わしかった. 選ばれた国は, 以前, 第一, 第二, および, 第三世界と呼ばれていた国々であった. 発展途上国である第三世界諸国の中で選ばれたのは, ブラジル, チリ, コロンビア, インドネシア, 韓国, メキシコ, ペルー, トルコであった. アフリカの国が一つも含まれていないのは注目を要する. すなわち, 強力な改革が達成された国がないと考えられた. ベイツとクルーガー (Bates and Krueger 1993) は, 発展途上国

---

　　20) 他に, Krueger (1978), Bhagwati (1979), Williamson (1990), Michaely et al. (1991) を参照.

8カ国に対する同様な研究を報告している．そこでは，エジプトとガーナが含まれており，明らかな失敗ケースとしてザンビアが含まれている．加えて，改革の政治経済学に関し，政治学者による重要な研究もある[21]．

ここでは，もっと顕著で驚くべき結果の要約しか挙げることができない．それは，この分野の多くの研究者の殆どが広く同意しているものである．上述の研究にインドが含まれていないが，私はその改革を知っているので，関係深いところでは，インドも参考にする[22]．

政治的背景から始めよう．経済改革と独裁制とは関係がない．これは，不可避的にいくつかの利益を害する改革を遂行するには，民主的政府よりも独裁者の方が容易だろうという常識的な見解を無視し，また，いくつかの改革，たとえば，チリ，韓国，トルコにおける改革が軍部による介入の後でのみ達成されたという事実を無視している．しかしながら，全ての独裁政府は，広く大衆一般もしくは特別な利益のどちらかに大きな関心を示したが，政治的組織は，民主制には有権者を離反させることなく行動するための大きな余地があることを認めた．如何なる政府も，「中央集権」，すなわち，唯一の効用関数を持つと考えることができなかった．独裁的だろうが民主的だろうが，全ての発展途上国の政府は，政治的思想に関する社会通念に沿って，中道か右寄りであった．もっと左寄りの傾向は，工業化がより進んだ国にのみ見られた．

改革の動きの大部分は，通常，非常に高いインフレ，あるいは，必需品を輸入できないほどの信用の低下と結びついた国際収支の大幅な赤字といった危機から始まった．改革は政治的には決して容易ではないので，それが，通常，何かしなければならない状況から始まるのは驚くようなことではない．しかし，財政削減と輸入規制もしくは通貨切り下げを含む安定化は，しばしば，徹底した構造改革なしで発生した．危機以上のものが要求された．輸入代替は機関車としての蒸気を使い果たしてしまった．多くの指導者と経済アドバイザーが北米の大学で教育を受け，欧

---

21) たとえば，Haggard and Kaufman (eds.), 1992, Nelson (ed.), 1990.

22) Joshi and Little（1997），Ahluwalia and Little（1998）．また，Srinivasan（2000）も参照．

州大陸に起源を持つ古い開発関連機関の影響が衰えたため，イデオロギーも自ずと変化していった．USSRモデルの失敗にも助けられ，次第に，「四匹の竜」の稀に見る成功が政策策定者の頭の中に浸透していった．世銀とIMFの説得と条件付融資も重要であった．改革に対する衝撃は，たとえ国際機関によって急がされたにしても，常に政府の中で発生し，経済界のような特別な利益から生じてきたのではないというのは興味深い．

多くの改革のイニシァチブは長年にわたって失敗を繰り返してきた．どうすれば成功するのだろう．必要十分とされる条件はない．しかし，いくつかは大抵成功につながる．以下では，それらについて言及する．

- 強力な予算統制権を持つ中央の行政府
- 良い政治的基盤を有する決断力のあるカリスマ的指導者
- （貧しい国の場合は）外からの援助
- 強力な政治的支援を得て改革を計画し明確にする経済学者のチーム
- メディアの支持

最初の二つの条件は，広く例証され，コメントの必要はない．全ての構造改革は，とりわけ，それが安定性と結合されなければならないときには，初めにいくつかの利益を害する．弊害は集中しがちで，利益は長期にわたり拡散する．最終的に利益を得るであろう多くの人は，これを認識しないか，リスクを冒すに値しないと考えるだろう．それゆえ，すぐに損失を被る可能性のある人々への補償が求められる．これが外からの援助が不可欠な理由である．

チリの「シカゴ・ボーイズ」やインドネシアの「バークレー・マフィア」は開発経済学者の間では有名な経済学者チームであるが，彼らの言うことにはもう少しコメントが必要である．インドネシアでは，不幸なことに，経済学者と技術者という二つのテクノクラートのチームがあった．その経済は，大統領が経済学者の意見を聞いていたときはうまくいったが，技術者が好まれたときには問題が生じた．同じことは，1973年以降の韓国でも起こった．もっと一般的には，1980年代と1990年代は，

経済学者に支えられた改革が増えた時代であった．メキシコでは，サリナス大統領とゼディロ大統領は経済学者であった．インドでは，経済学者であるマンモハン・シン蔵相は，大蔵省内の強力なチームに支えられ，遂に，1991年に重要な改革に着手した．その改革は，残念なことに，この大きな連邦制民主主義国における政治的基盤が崩壊したので，細々としたものに後退し，まだ十分に確実なものとはなっておらず，帰属する利益の中には，依然として克服すべき重要なものがある．同様な人々の中で，1990年代にアルゼンチンの改革を指揮したドミンゴ・カヴァロも経済学者である．トルコでは，経済学者テュルゴ・オザルが改革の重要人物であり，ごく最近，元世銀経済学者ケマル・デルヴィスが蔵相になった．

どのような意味で，経済改革をめぐる以上全ての研究が新政治経済学の実施例なのか．もちろん，それは，政府の経済的決定の決断に焦点を絞った研究である．経済学者の視点から，それゆえ，これは確かに政治経済学である．しかし，経済学の教義が貢献したのは何なのか．政治学者は経済学の面での協力者や同僚から多くを学ぶのか[23]．私は大した印象を受けていない．そこには，期待効用最大化のような経済学的道具，合理的期待，トレード・オフやナッシュ均衡は殆ど利用されていない．既に示唆したように，経済的市場をまねた政治的市場を想定するのは間違っている．

内生化する政府に関する内容の乏しい中間報告

経済アナリストは，多くの国にとって最適な政策と手続きであると信じるものを提示するだろう．彼は，今は誰も耳を傾けないとしても，いつか彼の政策が影響力を持つだろうと期待して，政府を無視するだろう．しかし，もし彼がそのような象牙の塔の中にいないなら，政府を無視してはならない．もし無視するなら，今度は彼が無視されるか，彼の政策

---

[23] Bates, Haggard and Nelson, "A Critique by Political Scientist," in Meier (ed.), 1991 を参照．また，合理的選択理論に関するより一般的な批判については，Green and Shapiro (1994) を参照．

が曲解されたり，実施が失敗に終わるのを見るだろう．彼は政府を無視しないが誤解するとか，一部の経済学者が言うように，彼の政府に関するモデルが間違っている場合には，同じことが起こるだろう．そこで出てくるのは，規範的経済学者は，政府が考えることは政府がとる行動から生まれるだろうということと，政府がこれらの想定された結果を推奨するかどうかのどちらも研究しなければならないということである．彼は，もちろん，自分が間違いだと信じる政策から予想される結果に関して政府の考えを変えるよう求めることができる．

政府は，この意味で，内生化されなければならないことは間違いない．政府は非常に重要な役者で，その演技は，しばしば「改革」という劇を成功させるために決定的である．これは疑いようがない．疑われるのは，経済的概念を政府の研究に導入することがその行動の理解に大きく役立つかどうかである．経済学者は，個人と企業の概念に精通している．彼らは効用と利得関数を持つと仮定できる一元論の役者である．同じことを国と政府に当てはめることはできない．国を一元論の役者とみなすことによって，いくつかの洞察が得られるだろうということは当たっている[24]．しかし，これは，特定の時代の特定の国にとっては殆ど誤りである．国は異なる固有の民間利益の調停者ですらない．

私は，発展途上国における改革と工業諸国における特定の政策をめぐり，極めて少数の驚くべきあるいは強固な結論が，極めて多くの研究の中で，なぜそんなにも発表され続けてきたのかという点について，その主たる理由が，国をモデル化するときに生じる大きな困難にあると考えている．これは，政府の行動を説明し，理解しようと試みるに当たって，何を見なければならないかについて，学生が学ぶことは多くないだろうと言っているのではない．研究は続くが，その成果はずっと後になって現れてくるだろう．

---

24) 私は，「もしあなたが国家ならあなたは何をするだろう」という衝撃的な文章で始まる Jasay の *The State* (1985) を思いだす．

11
規範的政治経済学

　第10章は，主として，経済政策が如何に決定されるべきかではなく，如何に決定されるかに関して，実証的政治経済学を考察した．これは，政治学と経済学の接点の本質的な部分であった．しかし，それは，政府がどの程度介入すべきかという，本書の主たる関心の一つに間接的に関連しているだけだった．ここでは，この規範的問題に直接関連する二つの問題に目を向ける．

政府と分配に関するいっそうの考察

　第10章で，富の割振り，すなわち，どの程度の富が異なる人々やグループに与えられるのかの決定は，投票による訳でも，少数派を搾取して行われる訳でもないと指摘した．それでは，富の分配は民主主義ではどのように決定されるべきなのだろうか．

　先に，我々は，富のある分配は政府の正当な機能とみなされることに同意した．しかし，そのような再分配は個人的な貧困に基づくべきであって，恐らくは不運という稀な状況を除いて，あるグループの構成員だからという理由に基づくものであってはならないと論じた．誰を非常に貧しい人と判断するかは議論のあるところだが，人道主義の持つ良識は，裕福な人々から非常に貧しい人々に対し，匿名の再分配を強制的に進める．この理由が，グループが職業，居住地，人種，年齢，性など何で定義されようとも，一つのグループから別のグループに富を再分配するために提起されることはない．様々なグループの構成員が平均してどの程度受け取るべきかを決める道徳や正義の原理は存在しない．こうして，

なぜ大学の講師の給料が清掃員の2倍で，同等の（そうでなくても一向に構わないが）専門的知識を持つ公務員の半分なのかを説明できる経済学的理由はない．換言すれば，彼らのサービスの需要と供給から切り離された理由は存在しない．もし政府が富をそのようなグループの一つから別のグループに移すと決定するなら，あるいは，一般に，納税者の犠牲においてあるグループを利するなら，そのグループは自分自身の選好，もしくは，その一部の構成員の選好を満足しているだろう．もっとありていに言えば，政府は，経済に損害を与えるグループによる強引なロビー活動や脅しに抵抗していない．

ダン・ウシャーは，第10章で紹介した著作において，そのような分配問題が決定される道徳原理は存在しないことを強調した[1]．さらに，もしそれらの問題が政治的に決定されるなら，それらは民主的に決定されるものではない．彼は，もし民主主義が存続すべきなら，相当程度まで分配結果を決定する政治とは無関係な何らかのシステムが存在しなければならないという結論に達した．それは競争的市場システムである．もちろん，政府は必然的に分配に影響する多くの問題を決定する必要に直面する．しばしば，それは，公務員の給料が同様な民間雇用者の給料に合わせて決められるときのように，それ自身，競争に依存しうるし，依存している．しかし，この解決法は，政府が強力な労働組合と対峙する時のように，常に実行可能ではないだろう．政府は，そんな金は持っていないと言い逃れることはできないので，立場が弱い．私の経験では，多くの発展途上国の公共部門の被雇用者の賃金は，民間部門の供給価格よりずっと多い．政府は，分配問題や対立を全て回避することはできないが，政府が社会の様々なグループや部門の相対的富や所得を決定できるからには，可能なところでは，削減すべきである．もし分配が大部分政治的に決められるなら，贈収賄が助長され，多くの政治的活動が，個人やグループの利益のための醜悪な闘いに変わる．民主主義は危機に陥る．

所得と富の分配は主に市場で決定されるので，市場が競争的であるこ

---

1) Usher (1981).

とが非常に重要である．もし競争的でないなら，いくつかのグループ，あるいは数名の個人ですら，自分自身の所得を決定できたり，少なくとも，その決定に重大な影響を与えるだろう．これは，政治的あるいは道徳的に受け入れられない．民主的政府の重要な機能はできる限り競争を促進することである．

　この分析は，故マンカー・オルソンの重要な研究[2]と一致する．彼は，国民所得のうちで自分の取り分を増やすことに特別の関心を持っているグループの構造を分析した．そのようなグループの構造は，フリー・ライダーの問題があるので，簡単ではない．結局，労働者は，労働組合が獲得するどのような利益も義務を果たすことなく享受することができ，それゆえ，「クローズド・ショップ」に対する需要が増える．グループが大きければ大きいほど，クローズド・ショップを形成するのが難しくなる．オルソンは，「選択的インセンティブ」がフリー・ライダーの問題を克服するためにうまく用いられてきたと信じている．それにもかかわらず，彼が名付けた「分配上の提携」の形成には時間がかかった．しかしながら，選択的インセンティブの数と強さは，とりわけ工業諸国では，少なくとも平和時には徐々に増大するだろう．主な分配上の提携は，独占とカルテル，雇用者や専門職の団体，労働組合である．これらの組織は，資源の好ましくない分配を引き起こし，変化に対する適応と決定が遅く，一般に，革新に反対する．その強大化は，国全体の動脈硬化を引き起こし，成長が低下する．急激な成長は，古い提携が破られるので，戦争や革命の後，再び始まるだろう．オルソンは，多くの例と共に，第二次世界大戦後のドイツ，フランス，日本，また極東の「四匹の小竜」も引用して，連合王国の低い成長と対比しながら，自分の理論は少なくとも歴史と整合性が取れていると主張する．しかし，整合性以外は，自信を持って主張できることは何もない．何故なら，相対的な経済のパフォーマンスに関し別の説明があるからである．

　いくつかの提携は，国民所得からの取り分を増加させること以外に，価値ある活動を行っている．たとえば，労働組合は個人を恣意的な差別

　2）　Mancur Olson（1965, 1982）.

から保護し，専門家の団体は消費者を無能な開業医から守る役割を担っている．しかし，人々がその分配行動やレント・シーキング行動から手に入れるであろう社会的に有用な何らかの機能を区別し続けるのは簡単ではない．たとえば，開業医の有能性を保証するよう意図される制度を作るに当たって，専門家の団体はその職業への参入を極度に制限するだろう．こうして賃金を引き上げる．

競争を促進しようとする民主的政府の必要性は，全ての分配上の提携行動が制限もしくは規制されるべきだということを意味する．法はカルテルの結成や他の独占的行為を思い止まらせたり禁止するために必要であると長く認められてきた．それを裏づける例を，経済学者は，一般に，価格に影響する能力が最適に至らない生産に終わるという理由で挙げてきた．その難しさも，企業も人も自分の所得や富を決定できない今日では，若干減少した．生産独占は長く人気がなかったが，労働組合の活動にも，生産効率とその上昇と同じく，分配の見地から，弊害のあることが広く認識されるようになったのはかなり最近のことである．

分配上の提携に関し，分配的でない実際的な機能がもしあるなら，必要な場合には，政府はそれを採用するだろう．実際，福祉国家は，労働組合の当初の人道主義的目的を大きく腐食してきた．分配上の提携は，公共財を生産するための提携とははっきりと区別されるべきである．前者は，民主主義において，政府の抑圧や指導のために必要なものを作り出す．後者は，第9章で論じたように，政府の干渉の必要性を削減する．

レント・シーキングと贈収賄

レント・シーキングとは，経済政策を変えるための資源の支出，あるいは，レント・シーカーに利益をもたらすように，経済政策の適用を捻じ曲げることである．その例を先に示したが，アン・クルーガー（Krueger 1974）が最初に命名し，注目し，分析した．この考えは，バグワティ（Bhagwati 1982）によっていっそう拡大され，分析された．この分野の研究に関しては，スリニバサン（Srinivasan 1991）が調査している．

クルーガーが考察したのは，輸入割当の獲得である．割当は，（関税付き）国境価格と国内価格の差に意味がある．レント・シーカーは，（あり

そうもないが）実際の資源を使用することなくその割当を獲得するだろうが，彼にとっては，（彼の時間，努力，出張その他の支出といった）彼の資源を，期待される見返りが，別の最も有効な用い方を実行したときの見返りに等しくなる点まで投資するだけの価値がある．それゆえ，支出はその割当の価値に近づくだろう．正確にいくら支出するかは競争の程度に依存する．しかし，支出されたものは何でも，その割当によって引き起こされたゆがみの費用に追加され，その経済に対する費用になる．レント・シーキングは，必ずしも贈収賄を含まないが，割当を求めている者の費用の一部は賄賂になりがちで，それは，実際の費用というよりもむしろ移転である．賄賂がレント・シーカーの実際の支出を削減する限り，賄賂は良いことだ！

レント・シーキングは割当だけにとどまらない．何らかの効果的な制限や規制があるときはいつでも，費用と価値の間に差が生じる．インドの経済体制は，ごく最近まで，しばしば，「認可統治」の一つと言われた．どんな事業でも，新しく始めるに当たっては，文字通り，何十という認可が必要とされたものだ．そのような規制全てがレント・シーキングの場であった．いくつかは，多分，それ以外の機能は何も持っていなかった．レント・シーキングは，また，数量規制だけにとどまらない．関税率が様々に異なるとき，製造業者の製品それ自体にかかる税率を引き上げ，その投入物にかかる税率を削減するか，品目を別の関税率の区分に変えるという非常に時間のかかるレント・シーキングもある．同じことは，消費税率や付加価値税（VAT）率が様々に異なるときにも起こる．これが理由で，私は長い間単一関税率を推奨し，できるだけ間接税率を廃止すべきだと主張してきた．

レント・シーキングは必ずしも贈収賄を含まないが，通常は発生すると言った．しばしば，賄賂は処理を促進し，小役人の低い賃金を補償し，それゆえ，害を与えないと論じられる．そのような見解は，以前は実際にそうであったとしても，最早主張できない．大臣や高級官僚が関わっている．キックバックが含まれているがために，好ましくない投資が数多く行われてきた．経済に与える損失は，支払われた賄賂の何百倍にもなるだろう．

私が1958年にインドではじめて仕事をしたとき，大臣や高級官僚は殆ど例外なく正直であったと信じている．ネールは，一度，新しい工業化事業が不適切に認可されたと知ったとき，その認可を個人の権限で取り消した[3]ということを聞いたことがある．それ以後，残念ながら，実態は激変した．殆どの大臣と多くの政治家は多分汚職に関係しており，公共サービスを食い物にしてきた．マンモハン・シン（1991〜96まで蔵相）の偉大な能力の一つは，彼が全てに正直であり，一般にもそのように見られていたということであった．不幸なことに，彼は自分の政治基盤を持っていなかった．

　贈収賄は大部分の発展途上国において深刻な問題であり，いくつかの国では，その程度と深刻さは経済的政治的崩壊の主たる原因である．贈収賄に関し，最も経験を積んだ学生であるスーザン・ローズ–アッカーマンは，贈収賄の程度とそれによる損害について確信を持っている[4]．彼女は，金のかかる公共サービスと同様，探知と懲罰は必要だけれども，贈収賄を減らすもっと重要な手段は，贈収賄を増やす機会を減少させることだと強調する．これは，多くの規制を削減し，簡単化し，透明性を高めることを意味する．

　レント・シーキングは，人々，企業，分配上の提携により富の配分を自分に有利なように変えようとするための道具である．政府が富の配分を決定する程度が大きければ大きいほど，レント・シーキングの機会，それゆえ，確かにその実行はずっと増えることになる．レント・シーキングは，税や経済的規制をあるビジネスその他に有利なように変化させる試みに限定されない．それは政治システムに浸透し，経済的利益を求めて激烈な争いが戦わされる場になる．このような環境の中で，民主主義は破壊され，事実，しばしば破壊されてきた．

　3）　私は，この話を，当時蔵相であったT. T. クリシュナマチャリから，蔵相を辞めた後で会ったときに聞いた．
　4）　Rose-Ackerman（1999）．

第 IV 部

倫理学，経済学，および，政治学

12
公共政策の原理

　序で，本書を倫理学，政治学，経済学の接点の研究であると述べた．私は，これらの主題は互いに接するものと考えた．それゆえ，接点という言葉を選んだ．重なり合う領域と言うこともできただろうから，図12.1のように示すことができ，その方がより簡単である．

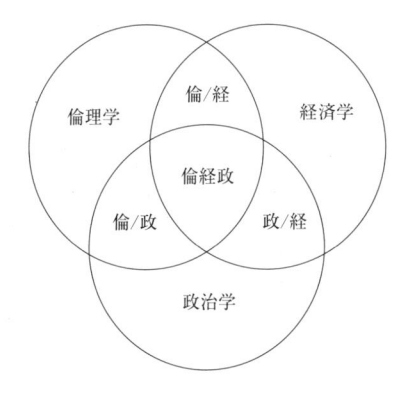

図12.1　倫理学，経済学，政治学

```
           倫/経
    倫理学         経済学
        倫経政
      倫/政   政/経
         政治学
```

　二要素が重なり合う領域は，三番目の要素を考察するときに避けることのできない領域を示している．三要素の重複部分，すなわち，三要素全ての共通領域は，公共政策の原理を含んでいる領域として描かれるだろう．

第Ⅰ部，第Ⅱ部，第Ⅲ部のまとめ

第Ⅰ部，倫理学と経済学から始めよう．第3章の表題「厚生経済学」は，第Ⅰ部の各章に等しく適用された．厚生経済学は，様々な経済状態の良さを比較する．より良いということの基準は経済学的概念と分析から引き出される．しかし，これらの基準が受け入れられるかどうかは，道徳的かつ政治的問題である．

　状態の記述には，一般に，多くの人々，もちろん二人以上の豊かな生が含まれる．それゆえ，別の状態と比較して，ある状態において，全ての人の暮らし向きが良くなるということは極めて稀なので，ある人の暮らし向きは良く，別の人の暮らし向きは悪いといった状態の比較が必要になる．どの状態が選好され（もし人が選ぶ力を持っているなら選ばれる）のかを合理的に決定するために，これらの違いを厚生の面から比較し，何らかのウェイトをつけて合計することが必要になる．何人かは暮らし向きが悪くなる（もしくは良くなる）けれども，ある状態が別の状態に比べ厳密に良いと言える分配上の判断がなされなければならない．人はここで議論を——まとめないで——止めることができる．しかし，厚生経済学を実際の問題に適用するために，必要とされる価値判断と分配上の判断を誰が下すのか尋ねなければならない．その答えは，「誰かが決定を行わなければならない」，すなわち，それは権限を持つ誰かである．厚生経済学は，実際に，大雑把とは言え，費用便益分析の形で，公共政策と投資事業に適用されている．それゆえ，答えは，国の代理人である政府ということになる．これが，第Ⅱ部への入り口である．図12.1に従って，倫／経と記された地域から倫／政の地域に移ろう．我々は，なぜ政府が存在し，どんな権利で，ある状態が別の状態に比べ良いかどうかを決定しなければならないのかを知りたい．

　第Ⅱ部は本書の中心部である．第4章では，国の役割と，その権限を限定する個人の自由を検討している．政府の権限を定義し限定している社会契約の考えが退けられる．国の権利と個人の権利は両方とも，現実の社会で共に生きていこうとする人々の願望から出てくる．その結果，国は人々とその財産を守り，法の規則を保証する義務を獲得した．国がある人の財産を取り上げ，別の人の厚生を増進させるべきであるかどうかは，早急に対処すべき問題である．そのような所有権の侵害は不公平

であるが，それにもかかわらず，再分配に圧倒的に賛成する厚生上の議論があると結論づけられる．これは，いわゆる「夜警国家」の唯一の役割である治安の維持よりも，国はもっと介入者としての役割を持つべきであるという考えに道を開く．約二百年もの間，功利主義は，人々の厚生を増進するに当たって，国が実証的かつ積極的な役割を果たすことを支持する主たる総合的学説であった．第5章では，それゆえ，功利主義の理論と国が最大化しなければならないのは誰の効用かという問題を考察している．これは人生の価値に関する議論を含んでいる．将来の人々と外国人の取り扱いも議論されている．この章は，功利主義に対する事前の擁護ともなっているが，いくつかの重層した制約——如何なる政府や人物も結果がどうなろうとも人々のために行わないこと——があることに同意している．

　第6章は，1960年代にスタートした政府が介入するための指導原理として，平等の達成を促進する試みに関連している．この章は，功利主義は不十分な平等主義であるという議論の反証から出発するが，そのまま，最も著名な二人の反功利主義者であるジョン・ロールズとロナルド・ドゥオーキンの理論の考察に入る．ロールズの非常に影響力のある理論は目的論的ではない．すなわち，何が良いかは何が正しいかから生まれ，その逆ではない．ロールズはベンサムよりもカントに近い．彼は，有効な正義の原理は利己的な合理的人間の行動を推論することから導き出すことができ，人々からその嗜好や能力，また，社会に占める地位に関する全ての知識を隠す無知のヴェールの背後で出合うのが利己的な合理的人間で，社会の基本構造は人々が選択する正義の原理によって決定されたものである，と信じる．しかし，我々は，ロールズが，人々が選ぶだろうとして主張する原理は，その理由づけを正当化する基礎を持っておらず，しかも，これらの原理は人の正義に関する直感的考えと何の関係も持っていないということを知った．さらに，ヴェールが取り払われたとき，人々がそのような原理によって縛られていたと感じるだろうと仮定する理由を発見できなかった．

　これは，正義の意味に関する議論へとつながった．正義は，人と財産を保護すること，契約を強制すること，重要な社会通念を支持すること

と同じである．これは，正義の基本的な意味で，分配的正義として知られるものを含んでいない．権力を持つ者，すなわち，人々と政府は共に，権力行使の対象である人々に義務を負う．義務の実行は，しばしば，利益や負担の分配を含んでいる．そこには，分配者と分配するものが存在し，これは，分配的正義の概念の要求である．そのとき，何が正しいかは，その状況，何が分配されるのか，およびそれが分割可能かどうかに大きく依存する．一般的な規則はないが，慣習，社会通念，および明らかにされた期待に誘導されるだろう．分配されるものが分割できないときは，コインを投げることがしばしば最も公平な決定方法である．しかし，時として，厚生を考慮する際，正しさと公平さは重なり合う．

よくある分割不可能な例は，移植できる腎臓が一つしかないために，二人の人間のうちのどちらかが死ななくてはならない時に，それをどのように決定するかというケースである．一人は若く，もう一人は年寄りで，前者の命を救うことによる将来の期待効用は，後者の命を救うことによるそれよりもずっと大きい．二人の尊厳を等しく扱う，すなわち，二人に，もうしばらく生きるために等しいチャンスを与える唯一の方法は，コインを投げて決めることである．再分配を目的とした課税に対するのと同じように，功利主義者の考察はしばしば正義と公平性が重なり合うと論じることができる．

ロールズと同じく，ロナルド・ドゥオーキンは，平等性の概念を中心に，良い政府を定義する原理の集合を構築しようとした．何の平等か．彼は，功利主義にも，政府は厚生を等しくすることを目的とすべきであるという考えにも同意しない．なぜなら，人々は，自分自身で選択し，かつ，責任を持つ経済活動——勤労，貯蓄，危険を冒すこと——からの見返りを享受することを許されるべきだからである．同様に，人々は，自分に責任のある損失や失敗を補償されるべきではない．しかし，可能な限り，人々は，——自分に責任のない——物的資産の相続，富を高める遺伝子，あるいは，良い教育から利益を得てはならない．そして，人々は，悪い遺伝子を受け継ぎ，劣悪な教育を受けたことに対して，補償されるべきである．ドゥオーキンは，それが平等化されるべき資源であるということを擁護することによって，この考えを纏め上げている．

ドゥオーキンの主張には重大な問題がある．能力は移転することができないので，平等化できない．人は，能力からの見返りを除外したり削減したりできるだけであり，能力の欠如のゆえに，他人に補償する．しかし，これは，人々が責任を持たない能力やその欠如の場合のみに行われるべきである．しかしながら，責任を割り当てることはしばしば非常に難しく，論議を呼ぶ．別の問題は，ドゥオーキンは移転不可能な資源に対し，平等の規準を与えていないということである．誰かに，その無能に対して補償するに当たり，人は，自分が十分やったと，どうやって知るのか．私に考えられる唯一の答えは，厚生が平等化されるときか，更なる保障が身体障害者の厚生を増加させられないときである．しかし，これは，ドゥオーキンを，彼が攻撃している論文そのものに引き戻すことになるだろう．最後に，彼は，人々に，彼らが責任を持つ行動の果実を認めることと，物質的不平等の拡大を認めないこと（彼は機会の平等は一つの十分な目的であるという見解に激しく反対している）の間の明白な矛盾を解決するのに失敗している．

　我々は，資源を平等にすることが，（何らかの）平等によって引き起こされた多くの問題——正義，当然の賞罰，動機，資源を厚生に変える能力の点で人々は大いに異なるという事実——にもたらしたよりも良い答えを功利主義がもたらすとは信じない．最後に，本章では，ドゥオーキンが無視する（何らかの）平等を計測することの困難を説明している．

　第7章では，契約主義と呼ばれる最近のいくつかの理論に目を向けている．これらは国の合法性と機能は契約から生じているという理論とは殆ど似ても似つかぬものである．それらは，道徳そのものは，社会がうまくいくには必ず必要な暗黙の同意と社会通念から引き出すために維持されるという考えにどっぷりと浸かっている．合理的な個人が行う同意と社会通念の形成（あるいは，形成することの失敗）は，ゲーム理論の主題であり，最近の契約論者はそれにかなり影響されてきた．

　暗黙の合意，慣習，社会通念は長い歴史を持ち，少なくとも部分的には，進化的用語で説明される．殆ど全ての人が合理的で十分な情報を与えられているときに合意され，かつ，安全でうまくいく生活のために重要とみなされることは道徳的な力を獲得する．これは，人々が，自分た

ちはそれらに従うべきであると信じるようになることを意味する．これは，道徳に対する長ったらしい説明であるが，道徳を正当化するものではない．しかしながら，契約論者の中には，もし協力して事業を行うことで得られる利益を求めている合理的な人々によって合意されなければならない特定の規則の存在が示されるなら，そのような規則は正当化されると信じている者がいる．これは，「合意による道徳」が意味するものである．社会は協力的で調整的な事業であり，道徳は，協力からの利益の正しい分割を決める．この道徳理論に対する基本的な反対は，調整問題に対する合理的な解決策は常に存在する訳ではない，というものである．

全ての社会習慣や社会通念が，協力による利益をどのように分割するかについて暗黙の合意として示される訳ではない．たとえば，殺人の禁止は，人々が従うべきだと信じる社会行動に対する社会通念であるが，恐らく，このようには表現されない．多くの道徳は合意による道徳の考えから逸脱している．社会通念による道徳はいろいろなものをもっと含んでいるように思われる．社会通念は，殆ど全ての人が確認し，他の殆ど全ての人が確認するなら自分も確認するような行動に関する規則で，そうなることを全ての人が期待している．社会通念は，如何なる権力によっても強制される必要がなく，効果的に自分で律するものである．それらは，第9章でより詳細に議論されている．

既に見てきたように，いくつかの社会通念は道徳的な力を獲得している．しかし，協力的行動からでてくる社会通念は，自分の子供や親に対する義務のように，道徳の全ての領域にうまくつながってはいない．最後に，社会通念による道徳の理論は，これまで発達してきた全ての道徳的社会通念を正当化しろと言っているわけではない．いくつかの社会通念は非難すべきもので，変更しうる．人は，自分の属する社会も含め，如何なる社会の道徳律を非難するのも自由である．共同体主義に関する第8章は，第Ⅱ部のまとめである．それは要約するには余りにも大雑把だが，共同体や国にとって良いことが個人にとって良いことを減少させる場合があるという見解に注目している．

第Ⅲ部に進もう．政治学と経済学の重複部分は非常に広く根が深い．

本書ではその極く一部しか取り上げていない．特に，どうすれば安定と成長を最も増進できるかというマクロ経済学的問題は無視されている．これは，本書で言及しているその他の主要問題に求められているよりもずっと多くの経済学の専門知識と経験を必要とする非常に大きな問題である．政府の役割に関しては意見の相違が殆どなく，哲学者と政治家はマクロ経済学的目標を達成する最良の手段の議論には殆ど何も貢献していない．本書では，レント・シーキングと汚職の政治的機能不全に関する見解を含めながら，公共財の供給と，政策とその傾向の政治経済学的説明に焦点を絞っている．これによってマクロ経済学を無視していることを十分に許して頂けると期待している．

第9章は，ゲーム理論の初歩を簡単に紹介している．この紹介は，ゲーム理論が，少数の人々の経済的行動を何の権威の干渉もなしに成功裡に調整できるか否かを説明する重要な手段なので，必要である．社会通念は，関係する人々の数が無限に大きくても，満足すべき均衡を達成するための手段，もしくは，行動を統制する手続きである．社会通念は自己規制的であると見なされ，権威を何ら必要としない．社会通念は，明らかに，あらゆる社会において，行動を統制する際に主要な役割を演じる．古くからある例は，道路の同じ側を運転するというものである．

純公共財は，伝統的には二つの特徴によって定義される．第一に，純公共財は同時供給である．これは，一人の人間による消費が，別の人による同じ財の同様な消費を妨げないことを意味している[1]．第二に，より重要な特徴として，純公共財は排除不可能である．これは，もしその財が生産されるなら，それから利益を得ることに対して誰も排除できないということを意味する．昔からある例は灯台と国防である．公共財を民間で生産しようとするとき，その財の費用を負担しないで消費するフ

---

[1] 「同時供給」という言葉は，本書のような研究では，この意味で共通に用いられるが，不幸なことに，この言葉は長い間——雌羊が羊毛とミルクを一定の割合で生産するときに同時供給が存在する，という——別の意味に用いられていた．消費の「非競合性」もしくは「排除不能性」という言葉の方が良い．

リー・ライダーの問題を克服しなければならない．民間が供給している例があるし，ゲーム理論は異なる環境においてそのような供給の可能性を分析する場合の助けとなる．潜在的な受益者の数が少なければ少ないほど，フリー・ライダーの問題は多くなりそうである．

　公的に生産される財の多くは公共財ではない．その中には保健，教育，年金が含まれる．これらは，厚生や平等といった理由で，公的に生産され，後に廃止され，多額の補助金がつぎ込まれる．しかし，そのような社会的目標を達成するために公的生産が必要であるかどうかは疑問のあるところである．

　第10章に移ろう．余りにも長い間，経済学者は，政府を，何らかの形に定義された国民の富と厚生の公平な最大化実現者と考えてきた．政府が独自の選好を持つことを，経済的均衡や変化に関する如何なる分析においても認められなければならないという考えが導入されたのは，1950年代後半に過ぎない．これは，「内生化された政府」として知られる．最も単純な仮定は，政府は再選される確率を最大化するというものである．これは，政府は常に選挙に訴えるわけではないという理由だけなら余りにも単純だが，投票の分析を前面に出す場合は重要である．

　投票の逆理は沢山ある．最も重要なのは恐らく次の二点である．(1)投票は富の分配に関しては悪い方法もしくは不可能な方法である．(2)合理的な人は国政選挙で投票しない．何故なら，その人の一票が選挙結果に与える影響は実質的にゼロだからで，選挙の争点について彼に情報を与えるのは明らかに無駄である．(いくつかの重要な選挙において投票率が半分以下ということはあるが) 多くの人が投票するという事実を，十分納得するように説明できない．中位投票者の理論とか多数の専制といった他の理論も考察されている．

　次に試みられているのは，合理的かつ利己的な政府と同様な個々人との間の相互作用の結果としての政策と傾向である．これは，実証的政治経済学と本書で呼ぶものである．何故なら，それは，政府が如何に行動すべきか，あるいは，行動すべきでないかに関わっているからである．工業化が進んだ国では，保護政策と過去半世紀における政府の拡大を説明しようと試みている．これらの試みが決定的な結論を出しているとは

全く思われない．多分，その主たる理由は政府のモデル化が困難だからである．政府は，理論が要求しがちな，よく定義された目的を持つ首尾一貫した組織ではない．しかし，経済政策に影響する問題に対し投票者の意見を決定するものも非常に不確かである．発展途上世界に関しては，約30年間にわたって，殆ど全ての発展途上国の経済政策を支配してきた輸入代替原理を考察している．それは，大部分が，多くの経済政策策定に関するケインズの記念すべき説明を用いるために，数年前の売れっ子評論家から，自分に都合のよいことだけを取り入れる権力亡者のケースである．第三世界における政治改革，すなわち，より利益の上がる政策へ戻る試みは，成功へ誘導する最も効果的な政治的経済的条件を発見することを目指して，近年，大いに研究されてきた．その結果は，非常に驚くべきことではないにしても，価値のあるものであった．しかし，そこに，新政治経済学の考えが大いに貢献したとは認められない．

　政治と経済の領域は，どの程度政府が関与すべきかという中心的問題に関し，明らかに関連を持っているが，そこにおけるいくつかの貢献を第11章で検討している．第10章で，富の分配は投票では決定できないことに注意した．もし分配が政治的に決められるなら，それは民主的に決定されるのではないということになる．では，民主制では分配はどのように決定されるべきなのか．

　なぜ人々の任意のグループが（仕事の相対的不効用を認めた後で）他のグループよりも利益が多かったり少なかったりすべきなのかを説明する，道徳原理も正義の原理も存在しない．富者から貧者への再分配は，富者と貧者はそれぞれ独自に経済的グループを結成しないので問題ない．しかし，もし政府が様々な職業の所得を決定する仕事に携わるなら，それは指導原理を持たず，結果は，無秩序で，明らかに民主的でないやり方で，様々な利益者グループの力によって決定されるだろう．結論は，政府は可能な限り，所得の分配を避けなければならないということである．これは市場に任せられなければならない．しかしながら，もし市場が競争的でないなら，いくつかのグループは，道徳的もしくは政治的に受け入れがたい自分の所得に重大な変更を加えることができるだろう．競争を強要するのは民主的政府の重要な機能であり，労働組合や経営者

団体や専門職の団体を含むあらゆる形態の独占を抑制することである．最後に問題にしたのは独占力であるが，同時に，不適切な行為から消費者を保護する機能でもある．これは，消費者行動の規則をどれも複雑にする．

マンカー・オルソンは，「分配的提携」，すなわち，国民所得に占める自分たちのシェアを守り，増加させることがその主たる目的であるグループの形成と影響を分析した．そのようなグループは，フリー・ライダーの問題のゆえに，形成が遅れる．しかし，次第に彼らはグループを構成し，その保護主義的保守的利益と決定の遅さのゆえに，産出高の拡大に有害な影響を及ぼす．戦争と革命がこれらの提携をぶち壊すが，これが，ドイツ，日本，韓国，台湾の戦後の圧倒的な成果の原因だろう．私は，この議論は，何人かの経済史家によって却下されるだろうと思うが，一定の説得力を持つと信じる．

最後に，第11章の，レント・シーキングと汚職の問題に移ろう．レント・シーキングとは，特定の企業や分配的提携に対する経済政策とそのインパクトを変えるための資源の支出である．これに汚職を含める必要はないが，通常は含まれる．あるレント・シーキングは避けられない．しかし，富の分配に対する政府の決定権が大きければ大きいほど，レント・シーキングと汚職がより横行することになる．これは非常に深刻な問題であり，政治制度に充満しうる．民主制は，そのとき，崩壊に直面し，しばしば崩壊する．

もちろん，宣伝やロビー活動の全てがレント・シーキングである訳ではない．あるものは社会的に望ましい原因へ向けられる．それは，どんなに不完全であっても，政府に影響を与える手段で，民主制においては許されなければならない．しかし，時々，良い原因を広めるのに役立つ，レント・シーキングの要素があるだろう．概念的には，レント・シーキングと非利己主義の増進の間の区別は明らかだが，実際には，ある行動がどちら側に当たるかはしばしば議論となるだろう．

哲学的枠組

第Ⅰ部から第Ⅲ部で考察されている多くの問題に関する議論は価値判

断を持つだけで中止することができる．いくつかのケースでは，私は結論を出さずに，形勢を見るに止まった．しかしながら，そのときの気分に任せているように見えるだろうが，時々，明確な立場を取った．よりいっそうの説明が必要なことは明らかだ．

　私の一般的な立場は反形而上学的である．私は，良いこととか悪いことといった認識されうる道徳的性格の特徴が存在すると信じる．私は，何らかの道徳的指令は純粋な理由から出てくると示すことができるとは信じない．特に，私はカントの定言的命令を受け入れない．

　倫理学で用いられる言葉は，記述的あるいは予言的な話で用いられる言葉とは異なる構造と規則を持つ．倫理的な主張は人々の行動に影響を与えることを意図している．それらは，事実の表明よりも指令により近い．しかしながら，いくつかの価値判断は，記述的かつ評価的内容を持つ．もし私が「ロバートは残忍な少年だ」と言うなら，私は，彼が蝿の羽をむしりとるようなことを行うということと，人はそのように行動すべきではないということの両方を意味している．これは，本質的な区別を無効にはしない．もし私が行くことと止まることを同時に求められるなら，これは矛盾した指示だが，「行く」と「止まる」は「AはBである」と「AはBではない」というのと同じ意味で，矛盾ではない．後者の命題は矛盾している真理値を持つ．もしAがBなら，「AはBである」は正しく，「AはBではない」は誤りである．しかし，「行く」と「止まる」は真理値を持たない．しかしながら，ある命題が真であるか偽であるかに関して，一般に受け入れられる厳密な基準は存在しないだろう．この場合，人々は誠意を持って同意しないだろう．この場合，その命題は，明確な真理値を持たず，価値判断として扱われなければならない．厚生経済学の大部分の命題はこのタイプである．厚生経済学は，「厚生」という言葉がまさに意味するように，応用倫理学の一分野である．

　人々はなぜ道徳的判断を行うのか．人々は他人に対して，人々は何を行うべきだとか何が正しいとか，なぜ言うのだろうか．社会の中で共に生きている人々は他人が特定の方法で行動すると信じられる必要があることは明らかである．人々は攻撃から安全である必要があり，約束を実行でき，他人が約束を守ることを信じる必要がある．人々は対立を避け，

利害の違いを解決する規則が必要である．等々．我々は，あらゆる社会で社会通念や慣習が社会的接触を助長するように発展してきたのを見てきた．これらが進化的に説明されるのはほぼ確実だが，ここでの議論にとっては本質的でない．本質的なのは，これらの社会通念の多くが，人々が自分たちはそれらに従うべきであると信じるようになり，道徳的力を持つようになったということである．私は，これが全ての道徳律の源泉であると信じる．先に，私は，自分の子供に対する義務といったような，いくつかの義務は，社会的接触を統制している何らかの社会通念から出てくるとはみなせそうもないと論じた．しかし，この反論は，良い親としての義務（および家族としての他の義務）を定義する人々の性格は進化的価値を持ち，しかも，そのような気質や慣習は，社会通念と同じく，道徳的力を獲得すると論じることで，うまく処理できる．この条件付きで，私は，全ての道徳規則は慣習と社会通念から生まれてくると論じる．当然だが，私は，一神論者が同意することは期待していない．

しかしながら，これで，道徳の主要な問題が全て出尽くした訳ではない．規則は解説を必要とする．特定の規則が特別な状況に適用できるかどうかは常に明らかという訳ではなく，しばしば，如何なる規則も適用できそうもない場合に何らかの決定を必要とするときがある．こういう場合がなかったとしたら，道徳的に意見が分かれることはなかっただろう．本書で，私は，ある命題，たとえば，国は財産を再分配する権利を持たないといった命題を，大部分の人が同意しないという理由で，しばしば拒否してきた．しかし，これを，意見の一致は如何なる道徳的議論においても決定要素であることを意味していると解釈してはならない．

我々は権利の起源を議論する必要がある．人々は，権利を社会化の過程の一部として創り出し，獲得する．約束が義務と権利の双方を創り出すのは社会通念である．約束が守られるということは，既に述べたように，道徳的力を獲得した社会通念である．我々の見解では，国は同じ方法で，すなわち，社会通念として，義務と権利を獲得し，創り出す．今日までに，約百年かかって，多くの国は再分配的課税を法制化する権利を得た．これは社会を統制する道徳的精神の一部になった．道徳律はゆっくりではあるが変化する．しかしながら，この時点で，私は，誰でも

自分の社会や他の如何なる社会の道徳律や精神の如何なる部分に対しても同意しない自由があるということを主張しなければならない．

以上述べてきたことは，本書で何ページも割いてきた教義である功利主義をどこに持っていくのだろうか．功利主義は帰結主義の一変形である．帰結主義は，ある行動が正しいか間違っているかはその結果だけに依存するという立場を採る．功利主義は，さらに，カウントできる結果だけが人々の豊かな生であるというものである．この見解には同意できない．何故なら，我々は，——殺人，拷問，無実と知りながら収監するといった——人が誰に対しても行ってはならないことが存在し，しかも，これは厚生を考慮しないと認識するからである．しかし，そのような枝葉末節的な不自然さを認めることで功利主義は無効にならない——全くそんなことはない．それは依然として多くの状況において行動の指針と考えられるだろう．

功利主義と，人々が自ら従うべきであると信じる多数の規則と社会通念からなる道徳律をどのように妥協させることができるのだろうか．我々は，厚生を無視する非常に強い道徳的規則がいくつか存在すると主張したばかりである．しかし，大部分の規則は，例外なしに存在しうる絶対的な指針ではない．嘘をつくことを考えてみればすぐにわかる．時々，人は嘘をつくことでもたらされるであろう良い結果をいくつか考え，それらを，人が（その規則を破ること自体が悪いことで，これは結果の中に反映されうると）信じる道徳規則を破ることによる悪い結果に逆比例するようにウェイトをつける．そのような考えは本質的に功利主義である．

功利主義は，個人にとって非常に有効な指針ではないだろう．確かに——全ての人を1とカウントすべきであるといった——，この教義の伝統的な信条の一つを受け入れる人は殆どいないだろう．殆ど全ての人は，他人に行うよりも自分の家族や友人，さらには自分の猫や犬の方により多くのウェイトを置く．その場合，道徳規則を破ることによる結果を評価することは，ありそうもないほど複雑なものになる．多分，多くの人は，分析不能なある本能によってのみ，規則に従ったり従わなかったりする人生を送る．しかし，私は，多くの人々も，特に如何なる規則も適

用できないと思われる状況では，功利主義的計算を行うと思う．

　我々は，功利主義は個人にとってよりも国や政府にとっての方がずっと良い指針であると信じる．他の任意の道徳的命題と同程度に広く受け入れられている道徳的命題は，政府は可能な限り公平無私でなければならないというものである．すなわち，全ての人の効用は同じウェイトでなければならない．しかし，政府の基本的機能は，人々とその財産を守り，契約と法の支配を強制することである．政府はさらに踏み込んで，個人の活動の結果に干渉すべきであるという見解を受け入れる場合にのみ功利主義が関わってくる．

　政府は価格メカニズムが破綻したときに，あるいは，より一般的に，市場の失敗と呼ばれる，民間の相互作用が最良の結果をもたらすことに失敗したときに，政府が介入すべきであるという議論が広く行われている．これは——少なくとも部分的に——，公共財の生産，外部性，独占的行動をカヴァーする．しかし，どうしてそれを失敗と決められるのか．どのような基準によって，ある結果が劣っていると判断されるのか．それは，個人の効用のある関数——すなわち，ある種の功利主義——に訴えることによってなされなければならない．そして，政府が実際にある財の生産に責任を持ったとき，政府は，当面どのくらい生産するか，どのような投資を行うか等々をどのように決定するのか．経済学者の答えは，費用便益分析によってであり，それは功利主義である．主たる選択肢は，適切な製品や生産方法について偏った考えに凝り固まっている——あるいは，キックバックを求めて手を広げている——政治家や有力な官僚の気まぐれであった．

　政府の干渉，再配分（すなわち，平等），家父長的温情主義を支持する広く受け入れられた理由がさらに二つある．我々は，干渉（と全ての権威ある組織の設計）を決定する目標を平等にする試みを考察してきた．何の平等か．厚生——功利主義の裏に隠れているもの——でなく，資源や基礎的財である．我々は，これらの理論を功利主義よりも明らかに劣っているものとして切り捨ててきた．

　残っているのは家父長的温情主義である．それは，他の人々に外生的な影響を与えるという以外の理由で，人々の自由な選択に干渉している．

禁止と課税あるいは補助金に影響される人々の選択は，彼らの厚生に関していえば，そういう影響のない選択に対するよりも良い測度であると推測される．どんな原理に基づいて，教育は何歳まで強制的で，タバコは大幅に課税され，マリファナは違法で，オペラは補助金を受けると決定されるのか．外部性が，たとえあるにしても，大した問題でない，そのような様々な問題を解明するのに，功利主義以外の指針を考えるのが困難であることが私には分かる．功利主義自体は，いくつかのケース，特に，恐らくは，芸術や文化の問題に干渉する時，弱々しく点滅する光に過ぎないということが認識されるだろう．

たとえば，ビンモアやスキャンロンといった，何人かの契約論者は，功利主義が一つの役割を持っていることを認める．我々は，慈悲深い独裁者が功利主義者であることを望むということに注目してきた．(その他に何があるというのか．)しかし，我々は独裁者を望まない．彼の慈悲は，それが万が一あるとしても，長くは続かない．民主主義の機能は独裁制を阻むことにある．それは，意思決定手続きとして深刻な欠点を持ち，功利主義の基準から見ると最適に至らない多くの結果をもたらしうる．しかし，それは，20世紀に出現した，忌まわしい悪を全て持つ独裁制が実現するのをより難しくすることによって，結局は厚生を高めるだろう．

政府支出の規模

政府が使用時点で無料もしくは実質的に無料で供給する財とサービスにどの位支出すべきなのか．それを決定する良い方法はない．というのは，市場が存在しないからである．もし完全競争市場が存在するなら，供給量は(消費外部性と家父長的温情主義的考慮から抽出される)量そのものであろう．市場が不完全であることが明らかになるとき，供給が過剰か過少であることを判断する理由があるだろう．市場は判断のための基礎を提供する．しかし，純公共財として，あるいは，厚生またはイデオロギー的理由のゆえに無料で供給される場合，市場は存在しない．

それにもかかわらず，供給が過剰もしくは過少であることを示すことができるだろうか．待ち行列ができるか別の形の理由づけがいる．これ

は，価格がゼロのときは過剰需要が存在するが，人々は，自分が手に入れるものの費用を十分上回るだけ支払おうとはしないだろうということを示す．たとえそれが真相であるとしても，供給が余りにも少ないことを示す訳ではない．時々，サービスが無料の場合にも供給過剰が存在する．その例は，職員を増やさなくてもより多くの見学者をさばくことができる博物館であろう．ここからは何も出てこない．というのは，少数の見学者はその博物館を維持するのに十分な金を払おうとしていたかもしれないからである．もし大学の教育が無料で提供され，学生が大量に入学を許されるなら，それは，何人かの学生は大学教育を受けなければより良い生活を得られないだろうということを示さない．国防の場合，支出は，適切な抑止力があるかどうか，次の戦争ではどこが勝つかということにとって有効な指数ではない．

　市場のないところでは，供給は政治的に行われなければならない．政治的意思決定は非常に不完全であることを示していると，言い過ぎるほど言われてきた．官僚の失敗は市場の失敗より悪いだろうというのが，ブキャナンその他の公共選択学派の主張の一つである．

　既に見てきたように，投票は多くの問題を決めるのに不適切な方法である．実際，重大な支出を伴う特別なプロジェクトや政策が，投票によっては滅多に決定されない．国レベルでは，投票者は通常，政府を構成する政党を選ぶだけで，各政党は問題の広い範囲をカヴァーする漠然とした綱領を持つ．ある政党は他の政党よりも大きな政府と高い課税を好むだろう．これは，どの政党が与党に選ばれるかに関して決定的であったりなかったりするだろうが，様々な財やサービスにどの位支出されるかは決定しない．場合によっては，ある政党は，選挙人が特別なサービスに特別な関心を持っており，そのとき，どのくらい支出されるかに関し，何らかの投票者の影響があることを確かに感じるだろう．これは，その影響が良いことであることを意味しない．我々が見てきたように，人気は経済的価値にとって有効な指数ではない．しかしながら，特別な利益によるロビー活動と分配的提携はしばしば，個人の投票より重要である．同様に，ロビー活動の強さがその目的の社会的価値に密接に結びづけられていると想定する理由も殆どない．

高い公的支出へのバイアス傾向を疑ういくつかの理由がある．中位投票者は，増税が彼にダメージを与えることを心配するよりも良い公共サービスの必要性の方を感じるだろう．政府はしばしば選挙の前に補助金を出したり減税したりする．高級官僚の俸給は通常，彼が監督する部門の被雇用者の数と共に上昇する．同様に，大臣の威信と影響力，それに恐らくは俸給は，彼が統括する省が大きくなればなるほど増大する．彼は，殆ど常に，もっと支出したいと叫んでいる．殆どの第三世界諸国と旧ソ連邦諸国では，汚職は実に深刻な問題であるが，そのようなところでは，政府の支出の程度と法規は密接に繋がっている．しかしながら，そのような理由は過剰支出に決定的には繋がらない．汚職と政治的な投票の買収は，予定の投資が達成されないことで，公共サービスの歳入を枯渇させる結果となるだろう．これは，インドや他の発展途上国において，インフラ・サービスに対する深刻な投資不足という悪名高い結果となる．民営化は時々十分な投資を確保するために必要であると論じられてきた．

公共支出は，製品のための市場はあるが赤字が累積する公営企業に対する補助金を含んでいる．公的生産は通常相対的に非効率——その原因は，公共部門では費用を最小化するインセンティブが不十分な点にあるのだが——と想定されているということが，広く信じられているし，それを裏づける格好の証拠もある．公的生産が損失を生み，それゆえ，補助を受ける程度まで，民営化は公的支出を削減する．

このような議論は，公的生産だけが適切でありうる厚生上の目標が存在する場合を除いては，公共部門で生産が行われてはならないことを意味する．連合王国においては，民営化は1980年以来，長く続いており，産業への補助金は大幅に削減された．住宅に対する公的支出は，住宅建設に伴う特典が増えることによって，少なくとも部分的には相殺されたけれど，これも大幅に削減された．

それゆえ，（連合王国においては）政府支出が多すぎるか少なすぎるかという議論は全て，依然として公的生産に支配されている二つの部門，すなわち，保健と教育に集中せざるをえない．両者を合わせると，政府総支出の四分の一を占める．社会保障移転支払いは政府総支出の三分の

一かそれ以上を占める.(したがって,保健,教育を合わせると,全体の約60％に達する[2]).)これらの移転は,公的生産を含まないという点で異なる.以上三部門全てにおいて,厚生と効率性の議論は複雑で,短い入門書の制約を大幅に超える掘り下げた研究なしには,確信を持って言えることは殆どない.

我々は,公的生産が(滅多にないことだが)民間の生産と同じように効率的であることが示されない限り,また,特定の厚生目標が公的生産なしには達成できない場合を除き,公的生産に反対してきた.それゆえ,我々は,人々に望むがままの国民保健と教育を選ぶ自由を与えたまま,非常に貧しい人や障害者の所得保障によって,全ての厚生の必要性が達成できないのかという,最も基本的な質問をしなければならない.たとえ答えが「イエス」であっても,結果は必ずしも効率が非常に低くはないだろうということに注意しなければならない.うまく設定された目標の利益は多くの専門家組織が必要で,心理的費用も必要になる.そして,セーフティ・ネットは貧困と貯蓄のわなを作り出す.もし損失を被った利益を埋め合わせる程度にしか稼げないなら,なぜ働くのか.もしこれが家計調査に基づいた国民年金を減少させるなら,なぜ貯蓄をするのか.これらは確定的な議論ではないが,検討する必要がある.

国民保健の場合,民間生産と厚生目標を調和させることは明らかに可能である.連合王国は,総合的な国民保健サービスを持つ非常に稀な国の一つである.それでも,貧者と障害者は少なくとも豊かな欧州諸国においてはよく面倒が見られていると我々は思っている.しかしながら,連合王国におけるGDPに対する国民保健支出は――欧州連合平均の8％に対し,6％を若干上回る比率で――大部分の欧州諸国よりも大分低い.しかし,平均余命や乳幼児死亡率は欧州平均よりも悪く,貧弱な

---

2) Andrew Tyrie(1996),表1を参照.この書にはこの問題に関する非常に有益な調査が載っている.引用した数値は,1995～96年のものである.以下しばらく連合王国の事例が続くのをご容赦願いたい.しかし,この議論は連合王国以外でも広く当てはまると私は信じる.Flemming and Oppenheimer(1996)も参照.

病院サービスに対する不満が広がっていることも事実である．国民保健サービス（NHS）は相対的に費用が安いように思われるが，絶対的な基準が常に満足されるわけではない．それにもかかわらず，NHSの目的を理解する人は極くわずかである．これは，非常に積極的に民営化を推し進める対象にはならない．もっとも，民間部門をもっと活用したり，よりうまく組織化することは十分可能である[3]．現在の政府の意図は，国民所得に占める国民保健サービスに費やされる比率を増加させることである．

　教育は，常に強い家父長的温情主義的要素がある点で異なる．両親は教育に十分支出すると信じられていない．それが強制的になったとき，同時に無料でなければならなかった．しかしながら，強制は，両親に教育券，すなわち，学校に関してのみ支出できる金を与えることによって私立学校と結びつけられる．その券の価値は全ての家族にとって，子供の画一像を持つのと同じか，人によって，たとえば，支払われた所得税に逆比例するなど様々である．両親はそこで学校を選択することができる．この考えは，券の費用だけでなく，提供される教育の内容とやり方でも競争できるだろう．これは，連合王国の子供たちは国際競争でうまくやっていけないという理由だけだとしても，また，（試験の結果がどうであろうが）学力水準が最近落ちているという印象が社会に広く浸透しているという理由によっても，魅力的である．これは，支出を削減する問題が教育の質を向上させる問題ほど大きくないということである．学校に対する何らかの公的査察が続けられるだろうということは疑いのないところだが，文部省の影響力の低下は問題を改善するかもしれない．人によっては，学校が利益を求めて運営されるだろうとは思われないと感じるだろう．私の意見では，これは時代遅れの偏見である．結局，我々の日々のパンの供給者は利益を求めて働く．それは，多くの私立学校は信託受託者によって所有され，利益を求めて運営されていないケースでもある．

　最後に，社会保障支出が考察されている．年金とは別に，社会保障支

---

[3] *Securing Our Future Health*, The Stationary Office, 2001 参照.

出は，(1)病気や障害の故に収入を失う人に対する支払い，(2)様々な家庭扶助制度，(3)失業と住宅建設のための特典からなる．これらの支出は生産を含まない．政府がどの程度気前良くあるべきかに関しては基準がない．それは，どういう訳か，一方では，善意のロビイストによって決定され，他方では，増税を恐れる政治家によって決定される．詐欺は広く蔓延し，何兆ポンドにも達するだろうということはよく知られている．しかし，行政責任者にとって，社会保障支出に注意を払いながら，かつ，詐欺にも厳しいというのは非常に難しい．

残るは年金で，これは，経済学者が発言することの多い問題である．連合王国では，(行政機関を除き)公的部門は生産を行わない．公的年金は，基金の投資を通して生産活動を行わない．公的年金は，本質的には，収入を得ている人から退職者への単なる移転である．公的年金は，連合王国では，すべての社会保障支出の約半分に達する．

積み立てられた年金のために言うべきことが山のようにある．すなわち，年金額は，貢献した金額によって決定される．これは，自分の積立金が膨らんでいくのを見，それが創り出すであろう見込み所得を見ることのできる基金積み立て者にはより明白である．それは，同時に，少ない勤労者が増大し続ける退職者の年金を支払う場合には，年金の危険な過剰供給をチェックする．理論的には，国の年金は基金から用立てられ，多分，そうあるべきである．一つのシステムから別のシステムへの転換の問題があるが，私はそれは克服可能だと信じる．

もちろん，多くの民間基金による年金計画がある．国が年金制度を持つ理由が一体全体あるのだろうか．あるいは，貯蓄に対する課税を削減する計画に必要な全ての制度を持つ理由が一体全体あるのだろうか．これらは，所得税制が貯蓄に二重課税する——課税後の所得から貯蓄がなされ，その貯蓄の利息が再び所得として課税される——ことだけで生じる．これは，二重課税貯蓄ではない消費税や財産税を含む，税制全体を根底から見直さないことには検討が難しいことは明らかである．

議論を分かり易くするために，支出だけが課税されると仮定しよう．したがって，貯蓄は非課税である．人々は望む通りに貯蓄し投資する自由を持つ．そこで，年金計画は，政府の二重課税の心配がないという利

点のためだけで存在するので，なくなるだろう．このような環境において，国民年金の合理性とは何だろう．それは，資産調査済みのセーフティ・ネットとしてのみ存在するだろう——実際，それは，原理上，他の所得保障と区別できないだろう．明らかに，そのとき，貯蓄のわなが存在するだろう．もし国の年金が年間5,000ポンドだったなら，65歳の定年に際して等しい年金を買うために，たとえば，60,000ポンドの貯蓄をするかもしれない．もしこれが完全に国の年金受給資格から差し引かれてしまったら，貯蓄の最初の60,000ポンドは実際には政府への贈り物であろう．私は，この資産調査済みの年金に反対する議論を，貧困のわなが所得保障に反対する議論以上に有力な議論とは考えない．最悪の場合，誰も貯蓄せず，(基金のない) 政府の年金が完全に使われるだろう．しかし，私はこれが実際に起こりそうだとは思わない．現在，課税制度は，貯蓄を税制上の優遇処置を殆ど持たない非常に魅力のない選択肢にしている．もし貯蓄に全く課税されないなら，貯蓄しようとするインセンティブは大きく増えるだろう．人々は貯蓄するだろう．これが非常に複雑な問題であることを示すといやと言うほど言われてきているが，有利な改革の可能性の大きい問題である．

　最小の政府を推奨する人はこの節に失望するだろう．厚生が政府の責任と認められる限り，政府がなすべきことは多くならざるをえない．しかし，公的部門における生産は，通常効率が悪くかつ不必要である．(連合王国における NHS は例外である．) 我々は同時に，政府が異なる職業や部門における相対的な収入に責任を持たなければ持たないほどより良いという理由で，政府は最小化されるべきであると信じる．相対的収入を統制する原理がないので，収入の政治問題化は衝突を引き起こす危険な原因になる．これもまた様々な活動に関する税と補助金の扱いおよびその統制に適用される．可能な限り，課税前の所得は市場によって決定されるべきである．しかしながら，これは，「分配上の提携」の形成に対し政府による強力な反対行動を引き起こさざるをえず，かつ，一般に競争を促進することが必要である．そのような提携が有効な社会機能を持つ場所で，それらを，政府は，監督するか，機能を引き継がなければならない．私は，効率と厚生において大きな利益を獲得することは可能だ

し，わずかに示された原理は政府支出を大幅に削減しないだろうと信じる．これは連合王国には妥当するが，どこでもそうだという訳ではない．たとえば，政府の大幅な縮小は，インドでは非常に利益があると私は信じる．

公共政策の境界

政府支出の規模に関する議論において，我々は公共政策の境界を大雑把に区切ってみた．政府は法と秩序を保証し，公共財の供給が必要とされる場所，外部性の改善，独占の規制と妨害を含む，価格メカニズムの失敗を処理すべきである．政府は，同時に，再分配的課税と他の計測手段を持っているので，深刻な貧困をできる限り除去することに責任を持つ．政府は，滅多に，公的部門での生産にのめり込むべきではない（が，連合王国のNHSについては，人々が慣れてしまっているため，これを除外する）．

政府は非常に貧しい人々に責任を持つべきであるという議論は，他に，もしあるなら，政府が責任を負うべきものとして，我々は何を望むべきかという疑問を生じさせる．これは，公共政策の境界に関する疑問に接近する別の方法である．1945年以降長年にわたって，連合王国政府は完全雇用に対する責任を受け入れてきた．これは，完全に果たすことのできない義務であるということが明らかになったとき，放棄された．政府は，時々，馬鹿なことに，ある特定の経済成長率を殆ど約束してしまう．もっと最近では，低いインフレ率が政府の責任とみなされるようになった．これは，健全な通貨の供給と殆ど同義なので，公共財とみなされるのが妥当で，それゆえ，明らかに政府の責任である．

他のサービス，とりわけ，国民保健サービスと教育の公的生産は，目標や水準を決めないと難しい．これに対して政府は，あるべき目標と，良い評価を得るために支出すべき額に関し，客観的な基準はないが，責任を持つようになる．これは，財とサービスの公的生産に反対する別の議論と見なされるだろう．確かに，連合王国のNHSの民営化を強力に推し進める要因がないことは分かった．NHSに欠点があるにもかかわらず，その維持を求める主たる論拠は，多くの人々の支持であった．し

かしながら，我々は，NHSが存在しない国，たとえば，米国や欧州大陸の国々に，NHSに対する何らかの強い需要があるということに気付いていない．同様な考察は教育にも当てはまるが，それほどでもない．というのは，通常，政府は高等教育を生産しないし，一方，人がどこまで教育を受けるかは，その人が決める問題だからである．時々，政府は，貯蓄と年金のように，過度に貯蓄意欲を減退させる課税を財源にして行った融資から生じる予期せぬ副産物の問題に巻き込まれる．これは，官僚の失敗とされ，その解決策は税制改革にある．貯蓄について言えば，政府の責任は，現在の貧困だけでなく，将来の貧困を改善することにもあるとか，未来の政府は未来の貧者の面倒を見るので，現在の政府は，将来世代の一般的富にも責任がある，というのは疑わしい．人は，（政府に対し，まだ生まれていない人の効用には低いウェイトを置くよう望むかもしれないが），将来の人々が政府の選挙民の一部であることを否定し得るとは，私は思わない．しかし，その人達の富は現在の貯蓄と同様，その人数にも依存するだろう．政府は人口目標なしに貯蓄目標を持つべきだとか，その逆をすべきだとは，まず主張できない．私は，人口目標と貯蓄目標を同時に設定しうるケースは，人口増加率が——たとえば，年率2％以上といった——非常に高いいくつかの発展途上国だけだと思う．少なくとも，出生と貯蓄に関し他の政策が及ぼす可能性のある効果を検討しなければならない．しかしながら，産児制限に関する情報提供や説得にかかる支出から避妊に対する補助金の支出までなら，今日では広く受け入れられるが，人の子供を持つ自由に対する何らかの直接の制約は，おそらく，多くの文化で受け入れられないだろう．

　ここから，個人の選択が他人の厚生に影響を与えないなら，個人の選択に干渉することを正当化する理由が未だかつてあっただろうかという最後の疑問に向かう．明らかに宗教的，もしくは非現実的な理由を持ち出して邪魔するのは，私に対する言いがかりである．しかし，政府は，自分自身が良くなることを求める人々の行動を，法的な制限もしくは税と補助金の使用のどちらかによって変化させようとすべきだろうか．私はそうは思わない．そのような意見は決定的な影響力をまず持たないだろう．というのは，殆ど常に，人々がマイナスの影響を受けたりプラス

の影響を受けたりする「メリット」財の禁止や補助金の支給に賛成する意見が出てくるからである．しかも，これを証明したり論破したりすることは非常に難しい．さらに，外的要因による損失や利益は，ある程度まで，必ずしも個人の選択の自由の否定に優先しない．家父長的温情主義は，それが自由対厚生という価値の対立を本質的に含むので，常にディレンマが発生する．これを解決する一般的な方法はない．多元論は抑制しなければならず，ケースごとに特別な考察を必要とする．

訳者あとがき

本書は, Little, I.M.D., *Ethics, Economics & Politics*, Oxford University Press, 2002 の全訳である. 直訳すれば,「倫理学, 経済学, 政治学」となるが, この種の表題は最近巷に溢れ（過ぎ）ているので, 公共政策をめぐる様々な哲学的思索の比較・検討, および批判という本書の内容に即して, 翻訳では「公共政策の基礎」というタイトルにした.

本書の解説に入る前に, 著者の略歴を記しておこう. リトル (Ian Malcom David Little) は, 1918年12月18日英国に生まれた. オックスフォード大学卒業後, 同大学オール・ソウルズ・カレッジ (1948-50), トリニティ・カレッジ (1950-2) のフェローを勤め, 1952年から1976年まで, ナフィールド・カレッジのフェロー, 開発経済学教授 (1971-6) であった. 1973年には, ブリティッシュ・アカデミー会員に選出された. 1965年から67年には, OECD（経済協力開発機構）の事務次長, 1976年から78年まで, 世界銀行の特別アドバイザーも務めている. 代表的な著作には, *A Critique of Welfare Economics*, 1950, *Project Appraisal and Planning for Developing Countries*, 1974 (J. A. Mirrlees との共著) などがある.

本書におけるリトルの基本的な立場は, 経済学, 政治学, 哲学は互いに密接な関わりを持ち, とりわけ, 経済学および政治学に対する哲学の影響力は重要であるというものである. さらに, 彼は, 社会科学においては絶対的あるいは普遍的な価値基準は存在せず, 道徳・正義・社会通念などの価値判断基準は全てその時々の社会状態に依存すると考える.

本書では, 多くの研究者による, 多様な価値判断基準や評価基準が広くかつコンパクトに紹介されている. このような網羅的な紹介は, 著者が自説の正しさを強調するために引き合いに出されている. しかし, 読者にとっては, 様々な経済的・政治的価値判断基準を手っ取り早く把握できると同時に, このような基準および, それに基づく判断が持つ問題

点・困難さも理解できるだろう．この意味で，本書は，実際の政治経済学的問題に関わりを持つ人々（殆どの人々がそうであるが……）に，有益な示唆を与えるものである．とりわけ，社会科学を学ぶ学生，社会の各方面で意思決定に関わる人々には有益である．これが，本書を日本語に翻訳しようと決めた主たる理由である．（他に，現在86歳というリトルの年齢から考え，本書が最後の著作になる可能性が高く，それゆえ，本書の中には彼の今までの研究成果が凝縮されているだろうという判断もある．）

　本書を読むにあたって，若干の注意が必要である．まず，著者は，理論の世界よりも現実の世界の方を重視し，理論は常に現実世界の実態に照らして論じられる．現実世界を説明できない理論は理論ではないというのがリトルの立場である．社会科学においては，実証的分野と規範的分野に分けるのが伝統的な分け方であるが，リトルの場合（説明の都合上，伝統的な分け方に従って説明を行っているが），両者は一体であり，分離することはできないと考えている．したがって，読者が，本書の内容の理解に困難をきたした場合は，常に，「現実社会の実態に即して理論の妥当性を考える」という立場に戻って読み直してみるのがよいだろう．

　リトルは，価値判断基準は社会によって，また，時代によって異なり，普遍的な価値基準は存在しないと考えるので，彼の主張する政治経済学的決定を具体的に示す例は挙げられていない．この，一見，諸説を批判するだけで，具体的代替案を出さない点が，特に理論家からよく批判されるところだが，リトルに言わせれば，そのような例をいくつ挙げたところで彼の主張全体を的確に表現することはできず，したがって，具体例を挙げても意味がないし，その必要もないということだろう．このような記述スタイルから，読者が自分の抱える意思決定問題に対し，直接役に立つ示唆は得られない．その代わり，本書を読むことによって，自分の問題が抱える多面的影響を一層深く考えることになるだろう．自分の問題を多方面から詳しく考察する道を示してくれる書である．

　ところで，上にも若干述べたが，リトルに対する評価は分かれる．彼は，一般には経済理論家と見なされるが，経済理論を専攻する研究者か

らは理論家に数えられないというのが，大雑把な評価だろうと思う．(リトルは，1976年まで，オックスフォード大学ナフィールド・カレッジで開発経済学の教授であったが，この分野における彼の業績に関しては言及しない.）このことを端的に示す逸話として，ヒックスが，人に紹介されて初めてリトルに会った後で，周りの人に「評判ほどの男ではない」と評したという有名な話が残っている．理論家としてのリトルに対するこのような評価は，経済理論家の間ではかなり一般的で，私も，ケン・ビンモアをはじめ，何人かから同様の話を聞いている．私個人としては，正直なところ，理論家として中途半端なところがあるのは否めないが，一般の理論家よりはリトルを理論家として評価している．また，彼の評価は今後高まるであろうと見ている（どこまで高まるかは分からないが……)．

　先にも述べたように，社会的な意思決定に関しては，普遍的な判断基準は存在しないというのが，リトルの基本的な立場である．このようなリトルの社会科学に対する基本的認識は，一神教の伝統を持たない日本人にはかなり理解されやすいだろう．しかし，ユダヤ教，キリスト教という一神教とギリシャ哲学を思想の根底に持つ西欧社会の人々にとって，リトルの考えを理解するのはかなり難しいと思われる．その理由を掻い摘んで言えば，次のようになるだろう．西欧人は（イスラム教徒も），世界は，全能の神が創造したものだから，どんなに複雑でも，理路整然と創られており，一片の矛盾もないに違いないと考える．神は人間の想像を超える存在だが，言葉を持っているという点で他の動物と異なる人間は，神の論理を解き明かすことができる．（西欧の考え方では，言葉を持っているのは人間だけで，それゆえ，人間は動物ではないと見なされる．しかし，今日，我々は，人間以外にも（簡単な）言語を持つ動物が存在することを知っている.）したがって，人間はいつかは神の論理を明らかにすることができる．神の論理は絶対だから，一度解明された論理は絶対的・普遍的な真理である．社会科学も例外ではない．この点に関して，私は以前，西欧人の考え方と日本人の考え方を比較対照し，両者の違いがもたらす経済的考え方の違いを論じたことがある（松本保美「実証科学としての経済学および経済政策の課題—文化・言語構造から見た日欧

経済社会の基本的相違―」，永田良編『経済学の数理と論理』早稲田大学出版部，2001）．このようなユダヤ・ギリシャ的伝統の下，リトルも本書中で述べているが，欧米の研究者は，どのような問題にも論理的に整合的な答えが必ず存在すると無意識の内に信じており，この呪縛から容易に抜け出せない．日本人の経済研究者なら，もう少し柔軟な発想を持ってもよさそうなものだが，経済学は西欧からの輸入学問の上，理路整然と体系化されているために，その枠組みを突き破ることが極めて難しいというのが悲しい現状である．このような特徴を持つ経済学において，理論家がリトルを高く評価しないのは明らかだろう．

　しかし，この西欧的な考えが誤りであるということをはっきりと証明したのがアローの一般可能性定理である．したがって，リトルがアローの一般可能性定理をいち早く評価したのは当然で，結果として，その後の社会的選択理論の隆盛に道を開くこととなった．（しかし，一般可能性定理に関する当初の理解は，リトルもどこかで述べているように，不十分であった．私は，彼の理解は今も不十分だと思っているが……．）しかし，その後の社会的選択理論の発展は，リトルのアローに対する評価とは別の方向に進んでいった．西欧的伝統の下，アローの一般可能性定理の結論は最初は疑いの目で見られ，今日でもその本質が正しく理解されているとは言い難い．それは，社会的選択理論のその後の発展経過を見れば明らかである．まず，アローの証明に誤りがないかどうか精査され，覆せないことが判明した後は，ただひたすら，アロー的な枠組みから肯定的な答えを見つけ出そうとする（あがきのような）努力の歴史として今日に至っている．アローの一般可能性定理で最も重要なのは，極めて抽象的かつ弱い条件の下で答えが存在しないという点である．したがって，いろいろ条件やアプローチを変えたところで，基本的にはアローの枠組の中で話をしているに過ぎない．私は，半ば冗談で，学生に，「社会的選択理論は，アローが7割，センが2割解明し，残りの1割をその他の研究者が研究している」とよく言う．リトルも本書中で述べているように，主たる結論とそれに対する対処の方向が既に明確になり，アロー流の枠組の中では大きな成果が期待できないことがはっきりしている研究領域にあまりにも多くの優秀な研究者が関わってきたということ

には信じ難いものがある．私は，かつて，センから「社会的選択理論は最も難しい研究分野である」と言われたことがある．その真偽はともかく，かなり難しい分野であることは明らかである．しかし，大本のアローの一般可能性定理を覆すことが不可能であると判明した以上，上に述べたような多くの研究者のアプローチが無駄な資源の配分であることも明らかである．

今後の社会的選択理論のあるべき発展方向には二つあるだろう．一つは，直接的・伝統的方向で，センが1998年のノーベル経済学賞受賞の際の記念講演で述べているように，多くの公理体系について，可能と不可能の境界線を明らかにすることである．もう一つは，より根源的な方向とでもいうべきもので，本書で展開されている，道徳的・倫理的・哲学的規範をめぐる，現実の公共政策の立案・評価に関わるアプローチである．この場合，経済学が追い求めてきた，物理学に見られるような普遍的（で肯定的）な価値基準，評価基準の存在は想定されず，問題の解決は個別的になり，操作も格段に難しくなる．しかし，これこそが自然科学とは異なる社会科学の特質といえるだろう．

本書を通読した多くの読者は，リトルとセンの，広く言えば社会科学，より具体的には経済学に対する基本的姿勢・認識がかなり似ていることに気づくだろう．実際，両者は互いにかなり影響を及ぼしあっていると私には思われる．それを裏付ける例を挙げておこう．

オックスフォードでの勉強がスタートした1978年，私はアマーティア・センが学部生を対象に行っていた経済哲学の講義を聴きに行った．センは，前年にリトルの後任としてLSE（ロンドン・スクール・オブ・エコノミクス・アンド・ポリティカル・サイエンス）からオックスフォードに移ってきていた．彼の講義に対する私の大きな興味の一つは，LSEで行われていた同種の講義が学生の間でかなり不人気だったと聞いていたので，どんな講義をするのだろうという点にあった．予想に反して，統計経済研究所の大きな階段教室が埋まるほどの盛況であった．講義が始まるとすぐに，センの目の前に白髪の老人が座っていることに気づいた．しばらくすると，その老人がセンの講義をさえぎり，それにセンが応えた．そのような応酬が何度か繰り返される内に，講義は両者の議論

の場と化してしまった．その老人は毎週講義にやってきて，いつも同じように講義は，センとその老人の議論の場になるのであった．私は，最初，その老人が誰だか分からなかったが，しばらくして，友人から，彼がリトルだと教えられた．今改めて両者の著作を読み比べてみると，少なくとも表面上はかなりの共通点があることに気づく．あれだけ議論をしていたのだからお互いに影響しあってもよいはずだと思うし，事実，よく似ている主張・見解が認められる．それなのに，特に，なぜセンの著作にはリトルの引用が少ないのだろうか，と不思議に思うことがしばしばある．あれだけ多くの参考文献を掲げる人が……．

　センとリトルの違いを一口で言えば，センの主張の方がより具体的で論理的に厳密であるのに対し，リトルの方は物事の本質をつかむ直観力に優れているということになろう．表面的には，両者の議論の勝負はセンの方に軍配が上がる．なぜなら，一歩一歩着実に問題を論理的に詰めていくセンのアプローチは，誰の目にも，より根源的な問題を前に，具体的な解決策を提示できないリトルよりも優れているように見えるのは明らかだからである．この両者の立場の違いが互いに相手に対する扱い方に出ている．センにしてみれば，リトルとの議論で様々な影響を受けながらも，特にこれがリトルから得たものであるというものを認識できない．（蛇足だが，同様なケースがセンとドゥオーキンの間にもあった．しかし，あれだけ激しい議論の応酬がありながらも，センのドゥオーキンに対する態度はそっけない．）したがって，活字として具体化されるセンの文章中では，リトルが故意に無視されているような印象を受けざるを得ない．一方，リトルにとっては，センも彼が批判する多くの人々の一人にすぎないということであろう．

　さて，話を本書の内容に戻そう．再三述べているが，リトルの主張は，政治学と経済学に大きな影響を及ぼす哲学の本質は，その時々の社会における慣習，社会通念，法などに規定され，普遍的な価値基準など存在しないというものである．この議論には賛同しうる面が少なくないが，リトルは影響力を持つ要因，しかも抽象的概念としての要因を羅列しているに過ぎず，議論としては説得力を欠いている．彼の議論が暗黙の内に示唆しているのは，社会科学において避けられない価値判断は，もは

や，社会科学内では対応しきれないということである．多くの経済学者は，リトルも含め，ここで，道徳や哲学の助けが必要だと感じている．しかし，これだけでは不十分である．今必要なのは，人間行動に関するより根源的な研究の助けを借りて，哲学を再構築し，それに基づいて人間行動を体系化することである．一つの方法としては，最近発展が著しい進化生物学の研究成果を，人間行動の理由づけに直接適用する道がある．リトルの議論はこの直前まで言っているが，もう一歩突っ込みが足りない．

　私の理解する限り，最近の進化生物学は，ゲーム理論を用いて個々の遺伝子の行動基準を解明しようとしている．遺伝子の行動基準はただ一つ，擬人的な表現をすれば，自己のコピーをできるだけ多く作ることである．実際には，遺伝子にも多くの種類があり，それらが集まって多様な生物を形作っている．生物の生殖・増殖作用により，子孫という形を通して，各遺伝子は自分のコピーを作る．生物自体は突然変異により，変種や別種が生まれる．このような生物の中に，変化し続ける環境にたまたま上手く適合し，子孫を増やすことができたものがある．遺伝子は，そのような生物の中で，結果として，自分のコピーの大量生産に成功する．このような遺伝子の行動を擬人的に表現したのは，科学的には正確な説明だが，かくも長々とした話を繰り返すのは面倒なだけでなく，読者も理解しづらいだろうからである．

　さて，他の生物と比べて，人間の持つ際立った特徴は，脳が非常に発達していることである．脳の発達によって生じたことは，知識の拡大とその伝達・共有である．ある人が何か新しい知識を発見する．それが知識として定着する場所はその人の脳の中である．その人は，その知識を，言葉を用いて，別の人に伝達する．正確に伝えることができれば，その人の知識が別の人の脳の中にコピーされたことになる．知識の伝達・拡散は，原理的には遺伝子のコピーと同じであるが，知識と遺伝子は全く異なるものである．遺伝子は人間という物体を借りて自己のコピーに精を出し，知識は，人間の脳を借りて，そのコピーに精を出す．人間の行動を支配する脳が人間の一部であるというところに問題がある．なぜなら，脳は，遺伝子のコピーといういわば本能に属する行動領域と，知識

のコピーという本能とは異なる意識の行動領域の両方を支配しているからである．その時々の状況により，人は本能に基づく行動をとったり，意識に基づく行動をとったりする．また，二つの行動の間で判断に迷う場合もあるだろう．もちろん，どちらが基本的に強い行動基準なのかは人によって違うだろうし，両者の境目もはっきりしない．

　前置きが長くなってしまったが，リトルの話に戻ろう．彼は，本書中で，多くの価値基準を批判しているが，その本意は，（彼もはっきり自覚していないようだが）これらの多くが主として脳の中で意識的にとられた行動基準であり，本能に基づく行動基準が不当に軽視されているというものであるように思える．彼は，本書中で，「人を殺してはならない」とか，「自分に遠い人物よりも近い人物の方により大きなウェイトを置く」といった条件を引き合いに出しているが，これは，遺伝子のコピーという本能に基づく判断基準である．また，国の成立以前に確立した，慣習や社会通念といった社会の基本的な評価基準を重視する彼の姿勢は，人間という生物の持つ本能の働きを重視している証左であろう．私の哲学に関する知識は微々たるものだが，確かにリトルの主張するように，社会科学に持ち込まれた哲学的・道徳的判断基準は，多くの哲学者が思索過程で到達した意識としての行動基準で，そこには，生物としての行動基準があまり考察されていないように思われる．このリトルの指摘は重要で，今後，社会的選択理論が真に意味のある理論として発展していくためには，まず，人間の様々な行動・意思決定基準を，先天的な本能の領域に属するものと，後天的な意識の領域に属するものとに分ける必要があるだろう．その後で，両者の関係を社会の実態に即して分析する必要がある．そうして得られた結果が，倫理的と呼ばれようが，道徳的と呼ばれようが，あるいは，哲学的と呼ばれようが，そんなことはどうでもよいように思われる．

　訳語に関して，若干の注意が必要である．原書は，序にもあるように，幅広い読者を対象にしている．著者は本書を専門書とはみなしていない．訳者もそのつもりであるが，日本語にしてみると，専門書的な匂いがどうしても残ってしまう．訳者の能力の問題も当然あるが，日本語と英語

の違いも結構大きいように思われる．日本語と英語の基本的な違いの一つは，前者では，個々の対象物に（本質的な類似点には注目せず）独自の名称をつけるのに対し，後者では，本質が同じなら同じ呼び方にする，という点である．したがって，英語では専門語と一般の言葉の違いがないのに，日本語では，学問分野毎に独自の呼称を作るため，分野間での呼び方，および専門用語と一般の言葉の間の違いが非常に大きくなる．したがって，日本語に訳出した場合，どうしても既に流布している名称に拘束され，一般読者には理解が難しくなるのを避けられない．できるだけ，専門家以外にも理解できる訳語にしようと試みたが，成功したとは言いがたい．素人にも簡単に理解できる易しく適切な訳語をご存知の方がおられたら，お教え願いたい．

　最後に，本書の訳出・出版にあたり，多くの方にお礼を申し上げなければならない．訳に関しては，私の勤務先の同僚，荒木一法，清水和巳，須賀晃一，船木由喜彦の各氏，および，大学院生，宇田川大輔，東龍二，中村昇太郎，松崎裕樹，女鹿将，松井大介の各氏の手を煩わせた．特に，須賀晃一氏には，全体を通読していただき，多くの誤りを指摘していただいた．特にお礼を申し上げたい．多くの誤り，訳文の不自然さなど，できるだけ改善・修正したつもりである．しかし，いくつか問題点が残っていると思われる．それらの責任が訳者にあることは当然である．本訳の出版に際しては，木鐸社の坂口節子氏の手を煩わせた．この訳は，本来，半年以上前に完成しているはずであった．ところが，校務，学会の仕事，私のサバティカルの受け入れ先との交渉などで忙しく，遅れるに任せてしまった感がある．そのため，木鐸社および坂口節子氏には大変なご迷惑をかけてしまった．ここに謝すと共に，お詫び申し上げる．

2004年7月25日

松本保美

参考文献

Ahluwalia, I. and I.M.D. Little (eds) (1998) *India's Economic Reforms and Development*, Oxford University Press, Delhi.
* Aristotle (c.330 BC) *Nicomachean Ethics*.
* Arrow, K. (1951) *Social Choice and Individual Values*, Yale University Press.
—— and G. Debreu (1954) 'Existence of an Equilibrium for a Competitive Economy', *Econometrica*, 22.
—— and T. Scitovsky (eds) (1969) *Readings in Welfare Economics*, R.D. Irwin.
Atkinson, A.B. (1970) 'On the Measurement of Inequality', *Journal of Economic Theory*, 2.
Baier, K. (1958) *The Moral Point of View: A Rational Basis of Ethics*, Ithaca, NewYork.
Balch, M.S., D. McFadden, and S.Y. Wu (eds) (1974) *Economic Behaviour and Uncertainty*, North Holland.
Barry, B. (1973) *The Liberal Theory of Justice*, Clarendon Press, Oxford.
—— (1995) *Justice as Impartiality*, Clarendon Press, Oxford.
—— and R. Hardin (eds) (1982) *Rational Man and Irrational Society*, Sage Publications.
Bates, R.H., S. Haggard and J. Nelson (1991) 'A Critique of Political Scientists' in Meier (ed.) (1991).
* Berlin, I. (1969) 'Two Concepts of Liberty' in *Four Essays on Liberty*, Oxford University Press.
Besley, T. and Anne Case (1995) 'Does Electoral Accountability Affect Economic Policy Choices? Evidence from Gubernatorial Term Limits', *Quarterly Journal of Economics*, 110(3).
Bhagwati, J. (1979) *Anatomy and Consequences of Trade Control Regimes*, NBER and Ballinger.
—— (1982) 'The Welfare Consequences of Directly Unproductive Profit-Seeking (DUP) Lobbying Activities', *Journal of International Economics*, 13.
Binmore, K. (1993) 'Bargaining and Morality' in Gauthier and Sugden (eds).
—— (1994 and 1998) *Game Theory and the Social Contract*, Vol. 1, *Playing Fair*; Vol. 2, *Just Playing*, MIT Press.
Black, D. (1948) 'On the Rationale of Group Decision Making', *Journal of Political Economy*, 56, reprinted in Arrow and Scitovsky (eds) (1969).
—— (1958) *The Theory of Committees and Elections*, Cambridge University Press.
Blackorby, C. and Donaldson, D. (1984) 'Social Criteria for Evaluating Population Change', *Journal of Public Economics*, 25.

Boskin, M.J. (ed.) (1979) *Economics and Human Welfare*, Academic Press.
Broome, J. (1991) *Weighing Goods*, Blackwell.
—— (1992) *Counting the Cost of Global Warming*, The White Horse Press.
—— (1999) *Ethics out of Economics*, Cambridge University Press.
Buchanan, J. (1954) 'Social Choice, Democracy, and Free Markets', *Journal of Political Economy*, LXII.
—— and G. Tullock (1962) *The Calculus of Consent*, University of Michigan Press.
Clark, J. (1885) *The Philosophy of Wealth*.
Coase, R. (1960) 'The Problem of Social Cost', *Journal of Law and Economics*, 3.
Daniels, N. (ed) (1975) *Reading Rawls*, Blackwell.
Demsetz, H. (1967) 'Towards a Theory of Property Rights', *American Economic Review*, 57.
* Downs, A. (1957) *An Economic Theory of Democracy*, Harper & Row.
Drazen, A. (2000) *Political Economy in Macroeconomics*, Princeton University Press.
Dworkin, R. (1978) *Taking Rights Seriously*, Duckworth.
* —— (2000) *Sovereign Virtue, the Theory and Practice of Equality*, Harvard University Press.
Farina, F., F. Hahn, and S. Vanucci (eds) (1996) *Ethics, Rationality, and Economic Behaviour*, Clarendon Press, Oxford.
Flemming, J. and P. Oppenheimer (1996) 'Are Government Spending and Taxes Too High (or Too Low)?', *National Institute Economic Review*, July.
* Gauthier, D. (1986) *Morals by Agreement*, Clarendon Press, Oxford.
—— and R. Sugden (eds) (1993) *Rationality, Justice and the Social Contract*, Harvester Wheatsheaf.
Giersch, H. (ed.) (1987) *Free Trade in the World Economy*, J.C.B. Mohr.
Graaff, J. de V. (1962) 'On Making a Recommendation in a Democracy', *Economic Journal*, LXXII, reprinted in Rowley (ed.) (1993).
Green, D. and I. Shapiro (1994) *Pathologies of Rational Choice Theory*, Yale University Press.
Grice, G.R. (1967) *The Grounds of Moral Judgement*, Cambridge University Press.
Grossman, G. and K. Rogoff (eds) (1995) *Handbook of International Economics*, Vol. 3, North Holland.
Haggard, S. and R. Kaufman (eds) (1992) *The Politics of Economic Adjustment*, Princeton University Press.
Hammond, P. (1982) 'Utilitarianism, uncertainty and information' in Sen and Williams (eds).
Hampton, J. (1987) 'Free-Rider Problems in the Production of Collective Goods', *Economics and Philosophy*, 3.
* Hare, R.M. (1952) *The Language of Morals*, Clarendon Press, Oxford.
—— (1981) *Moral Thinking*, Clarendon Press, Oxford.

Hare, R.M. (1989) *Essays in Moral Theory*, Oxford University Press.
Harsanyi, J.C. (1953) 'Cardinal utility in welfare economics and in the theory of risk taking', *Journal of Political Economy*, 61, reprinted in Harsanyi (1976).
—— (1955) 'Cardinal Welfare, Individualistic Ethics, and Interpersonal Comparisons of Utility', *Journal of Political Economy*, 69, reprinted in Harsanyi (1976).
—— (1976) *Essays on Ethics, Social Behavior and Scientific Explanation*, Reidel.
—— (1996) 'Morality and Incentives' in Farina, Hahn and Venucci (eds).
* Hart, H.L.A. (1955) 'Are there any natural rights?', *Philosophical Review*, 64, reprinted in Quinton (ed.).
* Hobbes, T. (1651) *Leviathan*.
Hotelling, H. (1929) 'Stability and Competition', *Economic Journal*, 39.
* Hume, D. (1740) *A Treatise of Human Nature*, Book III, Part II, sections ii–v.
* —— (1751) *An Enquiry Concerning the Principles of Morals*.
Hutcheson, F. (1755) *A System of Moral Philosophy*.
Jasay, A. de (1985) *The State*, Blackwell.
—— (1989) *Social Contract, Free Ride*, Clarendon Press, Oxford.
—— (1998) 'Justice' in *The New Palgrave Dictionary of Economics and the Law*, Macmillan.
—— (1998) 'Prisoners' dilemma and the theory of the state' in *The New Palgrave Dictionary of Economics and the Law*, Macmillan.
Joshi, Mary S., Vijay Joshi, and Roger Lamb (2001) 'City Centre Traffic and the Prisoner's Dilemma', University of Oxford, Department of Economics Discussion Paper Series, No 85.
Joshi, V. and I.M.D. Little (1997) *India's Economic Reforms*, Oxford University Press.
Kant, I. (republished 1964) *Groundwork of the Metaphysic of Morals*, trans H. Paton, Harper Torchbooks, New York.
Krueger, A. (1974) 'The Political Economy of the Rent-seeking Society', *American Economic Review*, 64, No 3.
—— (1978) *Liberalization Attempts and Consequences*, NBER and Ballinger.
—— (1990) 'The Political Economy of Controls: American Sugar' in Scott and Lal (eds).
—— (1993) *Political Economy of Policy Reform in Developing Countries*, MIT Press.
—— (ed.) (2000) *Economic Policy Reform*, University of Chicago Press.
Kymlicka, W. (1990) *Contemporary Political Philosophy*, Clarendon Press, Oxford.
Lal, D. and H. Myint (1996) *The Political Economy of Poverty, Equity and Growth*, Clarendon Press, Oxford.
Lane, R.E. (2000) *The Loss of Happiness in Market Democracies*, Yale University Press.

Lewis, D. (1965) *Conventions—a Philosophical Study*, Harvard University Press.
Little, I.M.D. (1957) *A Critique of Welfare Economics* (second edn), Clarendon Press, Oxford.
—— (1979) 'Welfare Criteria, Distribution and Cost-Benefit Analysis' in Boskin (ed.).
—— (1980) 'Distributive Justice and the New International Order' in Oppenheimer (ed.), reprinted in Little (1999).
—— (1999) *Collection and Recollections*, Clarendon Press, Oxford.
—— and J.A. Mirrlees (1974) *Project Appraisal and Planning for Developing Countries*, Heinemann (reprinted Gower 1988).
* Locke, J. (1690) *Two Treatises on Government*.
Lyons, D. (1982) 'The new Indian claims and original rights to land' in Paul (ed.).
* MacIntyre, A. (1985) *After Virtue* (second edn), Duckworth.
Magee, S. (1987) 'The Political Economy of US Protection' in Giersch (ed.), (1987).
Meier, G.M. (ed.) (1991) *Politics and Policy Making in Developing Countries*, ICS Press, San Francisco.
Michaely, M., D. Papageorgiou and A. Choksi (1991) *Liberalizing Foreign Trade*, Blackwell.
Mirrlees, J.A. (1974) 'Notes on Welfare Economics, Information and Uncertainty' in Balch, McFadden, and Wu (eds).
—— (1982) 'The Economic Uses of Utilitarianism' in Sen and Williams (eds).
Mueller, D. (1989) *Public Choice II*, Cambridge University Press.
—— (1997) *Perspectives on Public Choice*, Cambridge University Press.
Nelson, J. (ed.) (1990) *Economic Crisis and Policy Choice*, Princeton University Press.
* Nozick, R. (1974) *Anarchy, State, and Utopia*, Blackwell.
Offer, A. (2000) 'Economic Welfare Measurements and Human Well Being', *University of Oxford Discussion Papers in Economic and Social History*, 34.
Olson, M. (1965) *The Logic of Collective Action*, Harvard University Press.
—— (1982) *The Rise and Decline of Nations*, Yale University Press.
Oppenheimer, P. (ed.) (1980) *Issues in International Economics*, Oriel Press.
* Parfit, D. (1984) *Reasons and Persons*, Clarendon Press, Oxford.
Paul, J. (ed.) (1982) *Reading Nozick, Essays on Anarchy, State and Utopia*, Blackwell.
Persson, T. and G. Tabellini (2000) *Political Economics*, MIT Press.
Pettit, P. (1987) 'Universalisability without Utilitarianism', *Mind*, 96.
* Pigou, A.C. (1946) *The Economics of Welfare* (fourth edn), Macmillan.
Poterba, J.M. (1994) 'State Response to Fiscal Crises: The Effects of Budgetary Institutions and Politics', *Journal of Political Economy*, Vol. 102, Issue 4.

Proudhon, P.-J. (1840) *What is Property?*
Quinton, A. (ed.) (1967) *Political Philosophy*, Oxford University Press.
Ramsey, F.P. (1926) 'Truth and Probability' in Ramsey (1931).
—— (1931) *The Foundations of Mathematics*, Kegan Paul.
* Rawls, J. (1958) 'Justice as Fairness', *The Philosophical Review*, 57.
—— (1988) 'Classical Utilitarianism' in Scheffler (ed.).
—— (1999) *A Theory of Justice, Revised Edition*, Oxford University Press.
Raz, J. (1986) *The Morality of Freedom*, Clarendon Press, Oxford.
Robbins, L. (1938) 'Interpersonal Comparisons of Utility', *Economic Journal*, 48.
Rodrik, D. (1995) 'Political Economy of Trade Policy' in Grossman and Rogoff (eds).
Roemer, J. (1986) 'Equality of Resources Implies Equality of Welfare', *Quarterly Journal of Economics*, 101.
* —— (1996) *Theories of Distributive Justice*.
Rowley, C. (ed.) (1993) *Social Choice Theory*, Edward Elgar.
Samuelson, P.A. (1954) 'The Pure Theory of Public Expenditure', *Review of Economics and Statistics*, 36.
* Sandel, M. (1982) *Liberalism and the Limits of Justice*, Cambridge University Press.
Scanlon, T.M. (1982) 'Contractarianism and Utilitarianism' in Sen and Williams (eds).
—— (1998) *What We Owe To Eachother*, Harvard University Press.
Scheffler, S. (1988) *Consequentialism and its Critics*, Oxford University Press.
* Schumpeter, J.A. (1954) *History of Economic Analysis*, Oxford University Press, New York.
Scott, M. and Lal, D. (eds) (1990) *Public Policy and Economic Development*, Clarendon Press, Oxford.
* Sen, A.K. (1973) *On Economic Inequality*, Clarendon Press, Oxford.
* —— (1982) *Choice, Welfare and Measurement*, Blackwell.
—— (1984) *Resources, Values and Development*, Harvard University Press.
—— and B. Williams (1982) *Utilitarianism and Beyond*, Cambridge University Press.
Srinivasan, T.N. (1991) 'Foreign Trade Regimes' in Meier (ed.) (1991).
—— (2000) 'Economic Reform in South Asia' in Krueger (ed.) (2000).
Sugden, R. (1986) *The Economics of Rights, Co-operation and Welfare*, Blackwell.
—— (1988) 'Conventions' in *The New Palgrave Dictionary of Economics and the Law*, Macmillan.
—— (1991) 'Rational Choice: A Survey of Contributions from Economics and Philosophy', *Economic Journal*, Vol. 101.
—— (1993) 'The Contractarian Enterprise' and 'Rationality and impartiality: Is the contractarian enterprise possible?' in Gauthier and Sugden (eds).

Taylor, C. (1995) *Philosophical Arguments*, Harvard University Press.
Temkin, L. (1993) *Inequality*, Oxford University Press.
Tullock, G. (1962) Appendix 2 in Buchanan and Tullock (1962).
Tyrie, A. (1996) *The Prospects for Public Spending*, Social Market Foundation.
Usher, D. (1981) *The Economic Prerequisite to Democracy*, Blackwell.
Vickrey, W. (1960) 'Utility, Strategy and Social Decision Rules', *Quarterly Journal of Economics*, 74, reprinted in Barry and Hardin (eds) (1982).
*von Neumann and O. Morgenstern (1944) *The Theory of Games and Economic Behaviour*, Princeton University Press.
Williamson, J. (1990) *Latin American Adjustment: How Much has Happened?*, Institute for International Economics, Washington.
—— (1994) *Political Economy of Policy Reforms*, Institute for International Economics, Washington.

邦訳文献

高田三郎訳『ニコマコス倫理学』（全2冊）岩波文庫 1971，1973
長名寛明訳『社会的選択と個人的評価』日本経済新聞社，1977
小川晃一他共訳『自由論』みすず書房，1971
古田精司訳『民主主義の経済理論』成文堂，1980
木下毅・小林公・野坂泰司訳『権利論』〔増補版〕『権利論』II 木鐸社 1986，2001
小林公・大江洋・高橋秀治・高橋文彦訳『平等とは何か』木鐸社，2000
小林公訳『合意による道徳』木鐸社，1999
小林仰，大久保正健訳『道徳の言語』勁草書房，1982
小林公・森村進訳『権利・功利・自由』木鐸社，1987
水田洋訳『リバイアサン』岩波文庫，1954-64
大槻春彦訳『人性論』（全4冊）岩波文庫，1948-52
篠崎榮訳『美徳なき時代』みすず書房，1993
木曾好能訳『人間本性論』法政大学出版局，1995
森村進訳『理由と人格』勁草書房，1998
嶋津格訳『アナーキー・国家・ユートピア』木鐸社，1985
永田清監訳『厚生経済学』東洋経済新報社，1953-55
矢島鈞次監訳『正義論』紀伊国屋書店，1979
木谷忍・川本隆史訳『分配的正義の理論』木鐸社，2001
菊地理夫訳『自由主義と正義の限界』三嶺書房，1992
東畑精一訳『経済分析の歴史』岩波書店，1955-62
杉山武彦訳『不平等の経済理論』日本経済新聞社，1977
大庭健，川本隆史訳（抄訳）『合理的な愚か者』勁草書房，1989
銀林浩，橋本和美，宮本敏雄監訳『ゲームの理論と経済行動』東京図書，1972-3

人名索引

Ahluwalia, I. J.	161	Hampton, J.	137
Arrow, K.	40, 145	Hardin, R.	145
Atkinson, A. B.	101	Hare, R. M.	16, 67
		Harrod, R.	65
Baier, K.	106	Harsanyi, J.	25, 35, 106
Balch, M.	36	Hart, H.	52, 53
Barry, B.	84, 86, 108, 111, 145	Hobbes, T.	53
Bates, R. H.	161, 163	Hume, D.	133, 137
Baumol, W.	156		
Berlin, I.	29, 120	Jasay, A. de	132, 137, 164
Besley, T.	153	Joshi, M. S.	133
Bhagwati, J.	142, 160, 168	Joshi, V.	161
Binmore, K.	109		
Black, D.	144	Kaufman, R.	161
Blackorby, C.	68	Krueger, A.	154, 160, 161, 168
Boskin, M. J.	44	Kymlicka, W.	119
Broome, J.	35, 37, 42, 69, 74, 75		
Buchanan, J. M.	146, 148	Lal, D.	159
		Lane, R. E.	32
Case, A.	153	Laslett, P.	56
Clark, J. B.	93	Lewis, D. K.	116, 133
Coase, R.	61	Little, I. M. D.	22, 44, 70, 79, 87, 95, 112, 146, 161
Daniels, N.	84	Locke, J.	56
Debreu, G.	40	Lyons, D.	61
Demsetz, H.	60		
Donaldson, D.	68	McFadden, D.	36
Drazen, A.	153	MacIntyre	119
Dworkin, R.	52, 66, 96	Magee, S. P.	154
		Meier, G.	163
Flemming, J.	190	Michaely, M.	160
		Mirrlees, J. A.	33, 36, 44, 79
Gauthier, D.	106, 109, 113	Morgenstern, O.	23, 127
Giersch, H.	154	Mueller, D.	146, 149, 153, 156
Green, D.	150, 163	Myint, H.	159
Grice, G. R.	106		
		Nash, J.	107, 127
Haggard, S.	161, 163	Nelson, J.	161, 163
Hammond, P. J.	35	Nozick, R.	61, 66, 84

人名索引　213

		Vickrey, W.	145	
Ockham	54	von Neumann, J.	23	
Offer, A.	32			
Olson, M.	167	Williams, B.	111	
Oppenheimer, P.	190	Williamson, J.	160	
		Wu, S. Y.	36	
Parfit, D.	73, 74			
Paton, H.	17	Yin, K. Y.	159	
Persson, T.	153			
Pettit, P.	67			
Pigou, A. C.	10	アクィナス	119	
Poterba, J. M.	153	アーネソン	100	
Proudhon, P.-J.	60	アトキンソン	101, 104	
		アリストテレス	64, 120	
Quinton, A.	52	アロー	145, 146	
		イン	159	
Ramsey, F. P.	23	ウィリアムス	84	
Rawls, J.	25, 81	ウィリアムソン	160	
Raz, J.	91	ウシャー	148, 166	
Rodrik, D.	154	オザル	163	
Roemer, J.	98, 99	オルソン	167, 182	
Rose-Ackerman, S.	170			
		カヴァロ	163	
Samuelson, P. A.	135, 153	ガンジー	144	
Sandel	119	カント	17, 67, 76, 109, 175, 183	
Scanlon, T.	111-113			
Schneewind, J. B.	64	キケロ	90, 91	
Schumpeter, J. A.	93	クラーク	93	
Sen, A. K.	71, 82, 83, 102, 111	グラーフ	147	
Shapiro, I.	150, 163	クリシュナマチャリ	170	
Srinivasan, T. N.	153, 161, 168	クルーガー	154, 168	
Stolper, W. F.	153	ケインズ	181	
Sugden, R.	53, 109, 113, 114, 133	ゴウティエ	106-109, 111, 115, 116, 130	
		コーエン	100	
Tabellini, G.	153	コンドルセ	144	
Taylor, C.	118			
Temkin, L. S.	101, 104	サグデン	113, 114, 130, 133	
Tullock, G.	146	サリナス	163	
Tyrie, A.	190	サンデル	118	
		ジェボンズ	30	
Usher, D.	148, 166	ジャセイ	55, 90-92, 137	
		シン	163, 170	

ジンギスカン	60, 61	ビンモア	109-111, 113-116, 130, 187
スキャンロン	84, 100, 106, 111-113, 115, 130, 187	フォン・ノイマン	13, 127
スミス	40	ブキャナン	188
スリニバサン	168	ブラック	144, 146
ゼディロ	163	プラトン	109
セン	71, 81, 83, 97, 102	ブラン	91
		プルードン	60
ダウンズ	141	ブルーム	37, 74
タッカー	127	ヘアー	67
タロック	141	ベイツ	161
テムキン	102	ベンサム	21, 64, 175
デルヴィス	163	ホッブス	53, 56, 114, 115
ドゥオーキン	95-105, 107, 175-177	ホテリング	149
ネール	170	マッキンタイヤー	84, 119, 120
ノズィック	54, 60, 61, 66, 84, 107, 118, 119, 140	マリーズ	36
		ミューラー	149, 156
		ミラー	90
ハーサニ	35, 85, 106, 112, 114, 115	モルゲンシュテルン	13
ハート	52, 53	ラル	159
パーフィット	73-75, 81	ルソー	146
バーリン	29, 54, 120	ローズ−アッカーマン	170
バグワティ	168	ローマー	99, 100
ハチソン	64	ロールズ	81, 84-89, 94, 95, 99, 104, 106, 107, 110, 112, 114-116, 118, 119, 175, 176
バリー	84, 87, 111		
ハンプトン	137		
ヒットラー	120		
ピノチェト	151	ロック	56, 58, 60, 114
ヒューム	64, 109, 137	ロビンズ	31

事項索引

か行

感情移入	33
帰結主義	「功利主義」を見よ
義務	「権利」を見よ
競争の重要性	166, 167, 181
共同体主義	55, 118-121
国	
――と外国人	76-78
――と義務・権利	56-58, 62, 63, 174
――と憲法	49, 50
――と市民	56-58
――と人口政策	38, 71-76, 195
――と政府	49, 50
経済政策	
――と自治政府	151, 152
――と民主的政府	151, 152
契約主義	56, 106-117
――と交渉	72, 73, 110, 114
社会契約	56, 110, 132
社会通念による道徳性	110, 113-116, 177, 178
合意による道徳性	106-109, 112, 114-116, 177, 178
ケーパビリティ	71
ゲーム理論	106, 127-133, 179, 180
――と協力ゲーム	129, 130, 138
――と公共財	137-139
――と拘束力のある約束	129-131
――としっぺ返し戦略	131
――と非協力ゲーム	111, 138, 139
囚人のディレンマゲーム	127-133
チキンゲーム	138
保険ゲーム	133
権利(と義務)	
個人の――(と義務)	51-55, 65, 66, 184
国の――(と義務)	56-58, 184
公共経済	
OECD 諸国の政府の拡大	155-158
工業化諸国における保護政策	153-155
政府のモデル化	151, 152
内生化する政府	141-143, 163, 164, 180
発展途上国における保護政策	158, 159
公共財	
――と協力ゲーム	136-139
――とフリー・ライダー	41, 138-140
――と民間供給	136-140
――の定義	41, 134-136, 179, 180
厚生(豊かな生)	29, 32, 33, 37, 39
厚生経済学	
――と一括税	42
――と外部性	41
――と競争的均衡	40
――と公共財	41
――とパレート最適	39-42
――と費用便益分析	34, 42, 78, 174, 186
――と分配上の価値判断	41-45, 96, 97, 174
――とリトル基準	44
効用	
基数的――	23, 24, 30-34, 37
期待――	23, 34, 35
――と幸福	21, 32, 36, 64
――と選択と選好	21
――とより良いこと	33-35, 174
――の個人間加算定理	35, 36
――の個人間比較	30, 37
――の分離可能性	35, 37
序数的――	22, 30
功利主義	21, 175, 185, 186

効用と外国人	76-78		手続き的――	89, 91, 92, 175
効用と帰結主義	65-67		分配的――	91-94, 176
効用と共通メンバー選好原理			政府	
	69, 70		――と家父長的温情主義	
効用と将来の人々	78-80, 195			34, 186
効用と人口政策	38, 71-76, 195		――と官僚の失敗	195
効用と人生の価値	68-71		――と競争	166
効用と投資	78, 79		――と市場の失敗	185-188
効用と匿名性	69		――と分配	165, 166, 181, 186
効用と平等	79, 82, 83		――の規模	187-194
効用の多様性	65-73		――の境界	194-196
個人の効用	64-68		――の拡大	155-158
政府の効用	68, 186		――の多様性	143, 144

さ行

た行

社会サービス			投票	144-150
教育	189-191, 194, 195		――とアローの不可能性定理	
社会保障	189, 191, 192			144, 145
保健	189-192, 194, 195		――と国民の投票の逆理	
年金	191-193, 195			149, 180
社会通念	54, 114-116, 133,		――とコンドルセパラドックス	
	134, 178, 184			144, 145
社会的厚生関数（SWF）	36, 42, 101, 103, 145		――と集団的選択	144-150
集団的選択	「投票」を見よ		――と多数の専制	148
所得（と富の）分配			――と単峰型選好	146
――と競争の必要性	166-168, 194		――と中位投票者	149, 152, 157, 189
――と政府	165, 166, 180		――と分配	149, 181, 182
――と贈収賄	166, 168-170, 182, 189			
――と分配的提携	166, 167, 182, 193		は行	
――とレント・シーキング			平等	
	168-170, 182		――と功利主義	25, 175-177
所有	58-63, 134		――とリスク	25, 26
人口政策	「国」を見よ		機会の――	99
正義			厚生の――	95-105, 186
交換的――	91, 94		考慮の――	95, 96
国際間の――	94, 95		資源の――	96-99, 176, 186
社会的――	89-91		――の測度	100-105
――とコイン投げ	94, 176		補償	30, 45
――と差別	89, 90			
――と自由	62, 63		ま行	
――と不平等	92, 93		無知のヴェール	25, 33, 49, 85, 98,
――とロールズの理論	84-89, 175			99, 110, 111

や行

よいこと	「効用」を見よ
余命（質で調整された）qalys	70, 71

ら行

リスク	
変動	24, 25
——と平等	25, 26

倫理	184
——と価値判断	54, 184

わ行

割引	「功利主義と将来の人々」を見よ

訳者略歴

松本　保美（まつもと　やすみ）
早稲田大学大学院経済学研究科教授
（D. Phil.：数理経済学）

copyright © L.Segrave 2002
Ethics, Economics & Politics: Principles of Public Policy was originally published in English in 2002
This translation is published by arrangement with Oxford University Press.

公共政策の基礎
2004年10月30日第一版第一刷印刷発行　Ⓒ

訳者との了解により検印省略	著者	I. M. D. リトル
	訳者	松本　保美
	発行者	坂口　節子（ぼく　たく　しゃ）
	発行所	㈲木鐸社
	印刷 ㈱アテネ社	製本 高地製本

〒112-0002　東京都文京区小石川5-11-15-302
電話　(03) 3814-4195　ファクス　(03) 3814-4196
郵便振替　00100-5-126746　http://www.bokutakusha.com

乱丁・落丁本はお取替致します

ISBN4-8332-2358-9　C3012